全民健身计划系列丛书

网　球

张　颖／主编

吉林出版集团股份有限公司
全国百佳图书出版单位

图书在版编目（C I P）数据

网球 / 张颖主编. -- 长春 : 吉林出版集团股份有限公司, 2019.12（2021.10重印）
ISBN 978-7-5581-7953-2

Ⅰ. ①网… Ⅱ. ①张… Ⅲ. ①网球运动－基本知识
Ⅳ. ①G845

中国版本图书馆CIP数据核字(2019)第269951号

WANGQIU
网球

张　颖　主编

责任编辑　田　璐　朱万军
封面设计　张振东
版式设计　吉林国艺图书有限公司
责任印刷　王　起

出　　版　吉林出版集团股份有限公司
发　　行　吉林出版集团青少年书刊发行有限公司
地　　址　长春市福祉大路 5788 号
邮政编码　130118
电　　话　0431-81629800
传　　真　0431-81629812
印　　刷　永清县晔盛亚胶印有限公司
版　　次　2020 年 4 月第 1 版
印　　次　2021 年 10 月第 2 次印刷
字　　数　100 千字
开　　本　720mm × 1000mm　1/16
印　　张　8
书　　号　ISBN 978-7-5581-7953-2
定　　价　36.00 元

全民健身计划系列丛书

编委会

主 编

王月华　张　颖

副主编

方　方　范美艳

编 者

丁雪飞	于　洋	王小亮	王月华
王玞玥	王思臻	方　方	文博洋
丛广惠	白赞路	许沂铭	张　颖
张艳玲	张　月	张彦杰	张　楠
宋丽颖	苏雅娟	范美艳	唐　堃
董诗雨	董博宇	李　兵	吕国宏
杜　洋			

《网　球》

编写人员

范旭东　张　颖

前言

党的十九大报告指出:“广泛开展全民健身活动,加快推进体育强国建设。”当全民健身上升为国家战略后,日常参与健身的人群将日益扩大,大家将以各种方式强健体魄,获得感和幸福感油然而生。

面对这样可喜的局面,吉林出版集团股份有限公司青少年书刊出版发行事业部和吉林体育学院编写组共同策划、编写了“全民健身计划系列丛书”。

“全民健身计划系列丛书”能够顺应国家有关体育的大政方针,把握时代脉搏,对指导大众健身有很好的促进作用。丛书图文并茂,实用性强,力争有所创新,包括球类运动、体操健身运动、传统武术、体育舞蹈、休闲运动、格斗运动和民间体育活动等项目,通过高清图片分解健身步骤,使读者用简单易行的锻炼方式达到良好的健身效果。读者在学习的过程中,不仅能够掌握运动健身的方法,还能够学到保健方面的基本知识。

吉林体育学院的老师作为专业的体育工作者,把高等院校的理论资源转化为实践成果,使“全民健身计划系列丛书”更加具有权威性、科学性、实用性,也更贴近健身人群的需求。

希望本丛书能为社会各界热爱健身的人士提供指导与帮助。

目　录

1 第一章 概述

网球运动是世界上开展最广泛、影响最大的体育运动项目之一，深受世界各国人民的喜爱。

第一节 起源与发展

网球与高尔夫球、保龄球和桌球并称“世界四大绅士运动”。

一、起源

古代网球运动起源于波斯湾及古希腊一带，大约在10世纪传入法国。当时的网球运动是传教士在教堂回廊里用手掌击球的一种游戏。游戏规定游戏双方各站一边，中间用一条绳子隔开，双方随着音乐的节奏，用手掌将球打来打去（球中间包着头发，外部由布面制成）。14世纪中期，网球运动传入英国，球的外部也由布面改为皮面。

1873年，英国人沃尔特·克洛普顿·温菲尔德将早期的网球打法加以改进,使之成为夏天在草坪上进行的一项体育活动，并取名为“草地网球”。此后，网球便成为一项在室内和户外都能进行的体育项目了。温菲尔德因此被人们称为“近代网球创始人”。

二、发展

由温菲尔德改进的网球运动很快在英国开展起来，并迅速传播到世界各地。随着技术水平的提高、规则的日臻完善，以及国际赛事的举办，网球运动逐步走上规范化道路，并成为全民健身运动的重要组成部分。

（一）传播

网球运动诞生后，英国各地纷纷成立了网球运动俱乐部。1876 年，一些著名的网球运动俱乐部共同商讨、制定了全英统一的网球规则，对网球运动的场地、设施、打法和比赛规则等制定了统一的标准。

紧随英国之后开展网球运动的国家是美国。1881 年，世界上第一个全国性的网球协会在美国成立。美国的网球运动得到了空前的发展。

1896 年，在雅典举行的第一届现代奥运会上，网球运动的男子单打与双打被列为正式比赛项目。

1913 年，在法国巴黎成立了世界网球的最高管理机构——国际网球联合会。它的成立为网球运动的进一步发展开辟了一条更加广阔的道路。

（二）机构与赛事

1. 机构

国际网球联合会（ITF），简称国际网联，1913 年在法国巴黎成立，现有协会会员 210 个，其中 145 个为正式会员，65 个为无表决权的联系会员。

中国网球协会于 1981 年 7 月加入国际网球联合会。

2. 赛事

(1) 奥运会网球赛，每四年一届。

(2) 澳大利亚网球公开赛，每年一届。

(3) 法国网球公开赛，每年一届。

(4) 温布尔登网球锦标赛，每年一届。

(5) 美国网球公开赛，每年一届。

(三)发展趋势

1. 国内趋势

为更广泛地开展群众性体育活动，增强人民体质，推动我国社会主义现代化建设事业的发展，1995年6月，国务院颁布了《全民健身计划纲要》，号召全社会广泛开展全民健身运动。目前，全民健身运动在国内蓬勃发展，中国特色全民健身体系框架已经初步形成。全民健身运动的开展，有利于提高人民的生活质量，丰富群众的业余文化生活，促进社会进步；还有利于加强社会主义精神文明和物质文明建设，提高我国的综合国力，振奋民族精神。

网球运动是一项老少皆宜的体育运动，不仅可以使全身得到协调锻炼，而且能够消耗身上的多余脂肪，使体形趋于完美。随着全民健身运动的深入开展，越来越多的人加入了网球爱好者的行列中。现在，很多住宅区、学校、单位都配备了网球场，群众性网球运动蓬勃发展。

2. 国外趋势

世界网球运动正朝着更加积极主动，力争先发制人的技战术方向不断发展。网坛高手云集、群英荟萃，引领当今网坛潮流。技术型打法和力量型打法选手争奇斗艳，技术与力量的完美结合已成为网球技术的发展趋势。

第二节 场地、器材和装备

不同的场地和球拍打出的球速和方向都不同。因此，网球运动对场地、器材和装备的要求比较高。

一、场地

网球运动对场地的要求较高，没有好的场地，就不易判断球在落地后的运动轨迹，从而给练习者带来不便。

（一）规格

1. 标准网球场地的占地面积应不小于36.58米×18.29米，在这个面积内，有效单打场地的标准尺寸为23.77米×8.23米，有效双打场地的标准尺寸为23.77米×10.97米。

2. 场地四周较长的界线叫作边线，较短的界线叫作端线（底线），每条端线后应留有不小于6.4米的空间，在每条边线外应留有不小于3.66米的空间。

3. 发球线至端线的长度为5.485米，至球网的距离为6.4米。

4. 两条端线的中心各有两条长0.1米、宽0.55米的短线，为场地的中点。

5. 靠近球网的四个长方形区域为发球区,右边半场为一区,左边半场为二区,比赛时运动员所发的球必须落在对方对角的发球区内才算有效。见图 1-2-1。

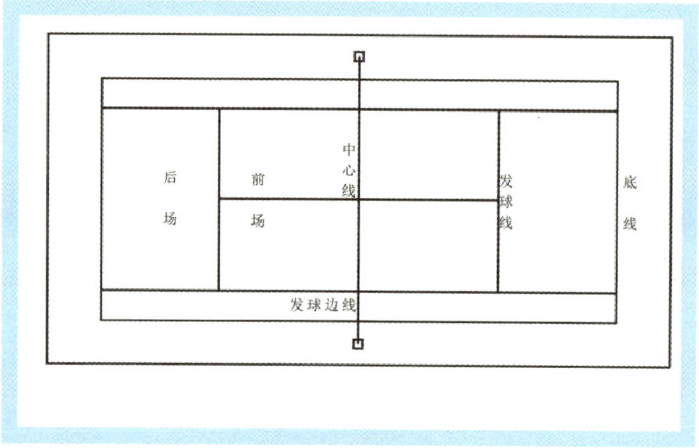

图 1-2-1

（二）分类

1. 草地球场

草地球场指种植青草的网球场地，属于快速球场。场地美观，但回球的反弹低平，一般发球上网型的选手在这种场地上可以发挥出较高的水平。

2. 土地球场

土地球场是指将黏土和沙土混合在一起压实、压平后，再在上面铺一层细沙的网球场地，属于慢速球场。土地球场适合稳扎稳打的底线型选手,对选手的底线技术和体力有较高的要求。

3. 塑胶球场

塑胶球场是指在水泥场地涂上一定厚度塑胶的网球场地。其特点是速度快、球的反弹较高，适合上网型选手，现在的场地多为塑胶球场。

4. 硬地球场

硬地球场指用水泥或沥青铺成的网球场地,属于快速球场。场地较硬，长时间打球会对选手的膝关节和踝关节造成伤害。另外，这类场地对球的磨损也较大。

(三)设施

1. 网柱

(1) 网柱垂直安装在边线中央的外侧位置上，两边网柱要与边线保持同等距离。

(2) 网柱既可用金属制，也可用木制。金属网柱为圆形，直径为 7.5 厘米；木制网柱为正方形，边长为 12 厘米。

2. 球网

(1) 球网颜色为黑色，高 1.06 米，长 12.65 米，网孔边长不超过 3.5 厘米。

(2) 球网悬挂在直径不超过 0.8 厘米的钢丝绳上，钢丝绳长 15 米，上端网边用两面宽 5 ～ 6 厘米的白布包住。

(3) 球网的两端要与网柱拉紧，球网下沿与地面相接。

(4) 由于球网中间和两边的高度不同（中间为 0.914 米，两边为 1.07 米），因此中间需要有一条白色的网带向下绷紧固定球网，这条网带叫作中心带。

(四)要求

1. 网柱要固定在地上，不能晃动，为了更加坚固， 般都用钢铁制成。

2. 球网要结实，材料要好，一般为深绿色，与球和场地的颜色分开。球网两端连在网柱上绷紧，不能松动。

二、器材

进行网球运动的必备器材是球拍和网球。好的球拍和网球能使练习者准确判断出球的运动轨迹，轻松地打出理想的球，所以初学者需要了解网球运动器材的相关知识。

（一）球拍

1. 规格

(1) 拍框和拍柄的总长不得超过 81.28 厘米，拍框总宽不得超过 31.75 厘米。

(2) 穿弦平面的总长不得超过 39.37 厘米，总宽不得超过 29.21 厘米。见图 1-2-2。

2. 材质

球拍的击球面必须是平的，由弦线编织而成。每条弦线与拍框连接，中心密度不能小于其他任何区域。

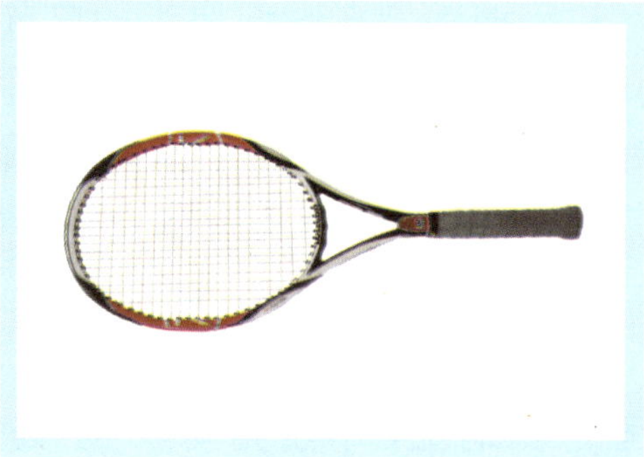

图 1-2-2

(二)网球

1. 规格

(1) 网球重 0.0567 ～ 0.0585 千克，直径 65.4 ～ 68.6 毫米。

(2) 从 2.54 米高处向混凝土地面作自由落体运动时，反弹高度应在 1.35 ～ 1.47 米之间。见图 1-2-3。

2. 材质

网球一般由人工合成，内部是一个橡胶做成的小皮球，为了降低网球的弹性，外面用人工合成的绒毛包裹。

3. 要求

网球应具备良好的弹性，用手指按压软硬适中。

图 1-2-3

三、装备

在进行网球运动时，舒适、合体的装备对练习者不但有安全保护作用，还有助于其技战术水平的充分发挥。

（一）服装

1. 款式

现在的网球服装，男子多为T恤和短裤，女子多为连衣短裙或短衫、短裙，也有穿运动短裤的。见图1-2-4。

2. 要求

(1) 服装要便于活动，面料一般为吸汗性和透气性较好的棉制品。

(2) 服装要整齐干净，以表示对对方、裁判员和观众的尊重。

图 1-2-4

（二）网球鞋

1. 款式

(1) 从质地上讲，为防止过度磨损，网球鞋主要有皮革和帆布两类。

(2) 网球鞋的底较平，多为耐磨的橡胶或其他材料，一般人字纹的鞋底适合于硬地或土地，辐射状纹的鞋底适合于所有场地。见图 1-2-5。

2. 要求

(1) 由于打网球时的急停、起动等动作对踝关节和膝关节的压力较大，因此，网球鞋应具有较好的缓冲性能。

(2) 网球鞋还应该能够提供向前、向后及其他方向变化的支撑功能。

(3) 网球鞋要舒适、结实、耐用，便于活动。

(4) 网球运动很讲究礼仪，穿着可能损坏场地的普通运动鞋或其他硬底鞋上场，会被认为是很失礼的行为。

图 1-2-5

2 第二章 运动保健

体育运动对增强体质、预防疾病和促进人体健康具有良好的作用。但是，并非所有人做相同的运动都会达到同样的效果。对于同一种运动负荷，不同的人机体反应差异很大。即使是同一个个体，在不同时期、不同机能状态下，对同一负荷的反应及收到的效果也是不一样的。因此，对于不同个体，应制定适合其机能需要的运动强度、时间、频率和持续周期。从事体育锻炼一定要讲究科学性，使机体最大限度地获得运动价值，使某些疾病得到有效的防治或祛除。

第一节 自我身体评价

自我身体评价是指根据个体的不同情况，以及简单的功能评定标准，对锻炼者进行身体评价，并以此为依据，确定具体的锻炼内容。

一、适宜人群

体适能是全身适应性的一部分，是人体对现代生活的适应能力。为了促进健康、预防疾病、提高生活质量和工作学习效率，几乎所有人都可以追求健康体适能，而且经过简单的评价和测试，均可以成为目标人群，即适宜人群。

（一）健康体适能评价标准

健康体适能是指身体有足够的活力和精力处理日常事务，不会感到过度疲劳，并且还有足够的精力去享受休闲活动或应付突发事件。

健康体适能是确定锻炼者是否为运动适宜人群的主要依

据。目前的评价标准主要包括国民体质测定标准、学生体质测定标准和普通人群体育锻炼标准等。

国民体质测定标准主要包括形态指标、机能指标和素质指标3部分，各项指标的测定结果为1～5分，共5个级别。凡各项指标达不到4分或5分者，均应纳入健身人群。

学生体质测定标准分为优秀、良好、及格和不及格4个级别。优秀水平以下者，均应被纳入健身人群。

普通人群体育锻炼标准分为5个级别，凡达不到4分或5分者，均应纳入健身人群。

（二）简易运动功能评定

简易运动功能评定的目的在于确定锻炼者有无运动禁忌症或临时运动禁忌，即是否适合参加体育锻炼，以防万一，避免意外事故发生。目前通行的方式为3分钟踏台阶测试。

1. 目的

测试锻炼者运动后心率恢复情况，以评估其心肺功能。

2. 器材

30厘米高的长凳、节拍器、秒表和时钟。见图2-1-1。

3. 步骤

(1) 节拍器设定为每分钟96次，测试者依“上上下下”的节拍运动3分钟，每次踏上台阶应达到直膝，而且先踏上的脚先落下。

(2) 测试者完成3分钟踏台阶后，5秒钟内开始测量脉搏，时间为1分钟，记录下心率，并依据表2-1-1评价功能水平。

(3) 运动后心率越低，证明心肺功能越好，在运动强度允许的范围内，锻炼者可选择运动强度的较高值来进行运动。

4. 注意事项

如测试者经过努力仍无法达标，或出现头晕、胸闷、出冷汗等症状，应立即终止测试。运动中应特别考虑运动强度，以防止出现意外。

图 2-1-1

表 2-1-1（单位：次 / 分钟）

	年龄(岁)	欠佳	尚可	一般	良好	优异
男士	18~25	>115	105~114	98~104	89~97	<88
	26~35	>117	107~116	98~106	89~97	<88
	36~45	>119	112~118	103~111	95~102	<94
	46~55	>122	116~121	104~115	97~103	<96
	56~65	>119	112~118	102~111	98~101	<97
	65+	>120	114~119	103~113	96~102	<95
女士	18~25	>125	117~124	107~116	98~106	<97
	26~35	>128	119~127	111~118	98~110	<97
	36~45	>128	118~127	110~117	102~109	<101
	46~55	>127	121~126	114~120	103~113	<102
	56~65	>128	118~127	112~117	104~111	<103
	65+	>128	122~127	115~121	101~114	<100

二、锻炼目标

锻炼目标应根据锻炼者不同的身体状况来确定，可分为近期目标和远期目标。此外，确定锻炼目标还应结合锻炼者的运动意向、愿望、兴趣，以及本人的健康状况等因素来进行。

（一）近期目标

近期目标是指锻炼者初期应达到的目标。在进行运动前，应首先明确锻炼目标，即近期目标。选择一两个健康体适能构成要素，作为未来两个月内努力完成的目标，而且应从成功概率较高的构成要素开始，并将预期两个月后要达到的目标做上记号，如提高某个或某些关节的活动幅度，增强某块肌肉或某肌肉群的力量等。

（二）远期目标

远期目标是指锻炼者最终要达到的目标。实践证明，经过科学合理的锻炼，锻炼者是可以达到一般的远期目标的，如提高心肺功能，使其达到优秀的等级，或达到降血脂和防治高血压、冠心病的目的等。

三、运动负荷

运动负荷即运动量。怎样控制运动量、合适的运动时间是多少等，一直是有争议的问题。但有一点是可以肯定的，任何的意见和建议，都需要综合考虑锻炼者的身体状况和所要达到的目标，并以此为依据来制订科学的身体锻炼计划。

（一）运动强度

在运动过程中，运动强度过小，无法达到锻炼效果；运动强度过大，不仅达不到最佳的锻炼效果，还可能产生一些副作用，甚至出现意外事故。确定运动强度有两种方法，即心率简易推测法和主观感觉疲劳分级表推测法。

1. 心率简易推测法

（1）年龄在 20 岁左右的年轻人，身体健康，能坚持体育锻炼，欲进一步提高身体机能，可取最大心率值（最大心率值 =220- 年龄）的 65% ～ 85%。

（2）年龄在 45 岁以下，身体基本健康，有运动习惯者，开始进行健身锻炼,可取最大心率值的 65% ～ 80%;没有运动习惯者，开始进行健身锻炼，可取最大心率值的 60% ～ 75%。

（3）年龄在 45 岁以上，身体基本健康，有运动习惯者，开始进行健身锻炼，可取最大心率值的 60% ～ 75%；没有运动习惯者，建议根据自身情况咨询专业人员来指导和确定运动强度。

2. 主观感觉疲劳分级表推测法

运动的疲劳程度大致分为 10 级，具体为：0 ～ 1 级，没感觉；2 ～ 3 级，尚轻松；4 ～ 5 级，稍累；6 ～ 7 级，累；8 ～ 9 级，很累；10 级，精疲力竭。因此，健身锻炼的运动强度应控制在主观感觉疲劳程度的 4 ～ 7 级之间。

（二）运动频率

运动频率是指每日及每周锻炼的次数。一般每周锻炼 3 ～ 4 次，即隔日锻炼 1 次即可。充足的休息时间可使机体得到充分的休息，能收到更好的锻炼效果。

（三）运动持续时间

运动强度和运动持续时间决定了一次锻炼的运动量和热量消耗。运动持续时间与运动强度成反比，运动强度大，运动持续时间可相应缩短；运动强度小，则运动持续时间相应延长。一般的健身锻炼，运动持续时间以每天 20 ～ 60 分钟为宜，其中包括准备活动时间、健身锻炼时间和整理活动时间。每次健身锻炼应在 20 分钟以上，锻炼可一次性完成，也可分段进行，但每段活动时间应在 10 分钟以上。

第二节 运动价值

运动价值是人们一直在探讨的问题。一般认为，运动具有两个方面的价值，即健身价值和心理价值。身体和精神的健康是相互依存的，伴随着身体功能的改善，精神状况也能同时得到改善。

一、健身价值

健身价值在于提高体适能。体适能包括心肺耐力素质、肌肉力量素质、柔韧性素质和身体成分等。体适能的发展是积极从事锻炼的结果，只有规律性的体育锻炼才能达到最佳的体适能。

（一）提高心肺耐力素质

心肺耐力是指全身肌肉进行长时间运动的持久能力，是体内心肺系统对身体各细胞的供氧能力。人体的心脏、肺、血管、血液等组织的功能是心肺耐力的基础，与氧气和营养物质的输送以及代谢物的清除有关。健全的心肺功能是健康的基本保证。

系统的体育锻炼，可以使心肌增厚，收缩力加强，心室容积增大，从而使心脏的泵血功能增强，表现为心血输出量增加，心脏的能力得到提高。

系统的体育锻炼，也可使呼吸系统机能得到提高，表现为呼吸肌力量增强，肺活量、肺通气量明显增加，呼吸系统的工作能力提高，同时还提高了向机体供氧的能力。

系统的体育锻炼，可以促进血管系统的形态、机能和调节能力，提高机体的工作能力。

系统的体育锻炼，可以使血液系统产生某些适应性变化，如血容量增加、血黏度下降、红细胞膜弹性增强、红细胞变形能力增强等。

（二）提高肌肉力量素质

肌肉力量是指肌肉最大收缩产生的对抗阻力或负荷的能力。肌肉力量只有达到一定程度，才能克服外界阻力，而克服外界阻力是维持日常生活自理能力，从事各种劳动和运动的必要前提。

系统的体育锻炼，可以提高肌肉的生理横断面积，改善神经系统对肌肉收缩的支配功能，还可以提高肌肉内代谢物质的储备量，以有效地提高肌肉质量，使肌肉力量得到提高。

（三）提高柔韧性素质

柔韧性是指人体各关节的活动幅度，即关节的肌肉、肌腱和韧带等软组织的伸展能力。柔韧性对于保证正常生活质量、维持正常体态、预防损伤发生和减轻损伤程度等方面均起着至关重要的作用。

通过系统的体育锻炼，可以延缓因年龄因素而导致的身体柔韧性下降，预防因缺乏运动而导致的关节结构、周围软组织和膝关节肌肉退化，从而使锻炼者在日常生活、劳动和运动时充满活力。

（四）改善身体成分

身体成分是指人体体重中的脂肪组织和去脂组织的重量百分比。身体成分中的脂肪成分增加，肌肉成分必然下降。身体中不具备收缩功能的脂肪组织增加，必然导致身体进行各种活动的能力下降、基础代谢水平降低和肥胖症、冠心病、高血压、糖尿病、高血脂等慢性疾病发病率的升高。因此，合理的身体成分是保证人体健康的重要内容之一。

系统的体育锻炼可以使锻炼者的体质得到增强，这样，热量消耗便会随之增加，进而燃烧体内多余的脂肪，使身体成分得到改善。而身体成分的改善，又可以减少体重对关节带来的不利影响，还可以使肥胖者的心理状况得到改善，增强其自信心，逐步建立健康的生活方式。

二、心理价值

研究证明，体育锻炼不但可以使锻炼者增强体质、促进身体健康、预防慢性疾病，还可以提高锻炼者的生活满意度和生活质量，对其心理健康产生明显的积极影响。

体育锻炼的心理健康效应主要表现在以下 6 个方面：

（一）改善情绪状态

1. 短期效应

研究发现，体育锻炼对人的情绪状态具有显著的短期效应。运动后人们的焦虑、抑郁、紧张和心理紊乱程度显著减轻，而精力和愉快程度则显著增强。这种情绪的迅速变化，与锻炼者个体的健康状况、活动形式和活动强度等有直接的联系。

2. 长期效应

体育锻炼对人情绪的长期效应有直接影响，与不锻炼者相比，有规律的锻炼者在较长时期内很少会产生焦虑、抑郁、紧张和心理紊乱等情绪。

（二）完善个性行为特征

人的行为特征一般可以分为两种类型，用 A 型行为特征和 B 型行为特征来表示。A 型行为特征主要表现为性情急躁、争

表 2-2-1 A、B 型行为特征表现

A 型行为特征者常见表现	B 型行为特征者常见表现
约会从来不迟到	对约会很随便
竞争意识很强	竞争意识不强
别人要讲话时总爱抢先或插话	别人讲话时是很好的听众
总是匆匆忙忙	即使有压力也从不匆忙
等待时缺乏耐心	能够耐心等待
做事全力以赴	处事漫不经心
同时想做很多事	在一定时间里只做一件事情
讲话喜欢加重语气，甚至敲桌子	讲话语速缓慢、不慌不忙
做了好事希望能得到别人的承认	只要自己满意即可，不管别人怎么想
吃饭、走路都很快	没什么业余爱好
不善与人相处	为人随和
容易暴露自己的情感	能控制自己的感情
具有广泛的兴趣	满足于目前的工作和学习状况
胸怀雄心壮志	做事情很慢

强好胜、容易激动、整天忙碌等；B 型行为特征主要表现为不好竞争、不易紧张、不赶时间、待人随和、喜欢自由自在等。具有 A 型行为特征的人由于过度紧张的情绪反应，会引起内分泌失调，增加心脏病发病的概率。目前的一些研究主要集中在体育锻炼对改变 A 型行为特征的作用方面。研究结果表明，有规律的体育锻炼能明显改变 A 型行为特征，使其发生显著的积极变化。见表 2-2-1。

（三）确立良好的自我概念

自我概念是指个体对自己身体、思想和情感的主观整体评价，由许多自我认识组成，包括我是什么人、我主张什么和我喜欢什么等。

坚持体育锻炼，可以使锻炼者体格强健、精力充沛、提高驾驭身体的能力，从而改善对自身的满意程度，确立良好的自我概念。

（四）改变睡眠模式

根据脑电图显示，人的睡眠可以分为两种状态，即慢波睡眠状态和快波睡眠状态，前者为浅度睡眠状态，后者为深度睡眠状态。一夜之间两种睡眠状态会交替发生 4 ～ 5 次。

有规律的体育锻炼不仅对慢波睡眠有改善作用，而且能缩短入眠的潜伏期，延长睡眠时间。

（五）改善认知能力

体育锻炼还能改善人的认知过程，避免反应时间过长、注意力不集中和思维混乱等症状的发生，尤其对老年人认知能力的改善效果更为明显。

（六）增强心理治疗效应

体育锻炼被公认为是心理治疗的好方法。目前，人群中常见的心理疾病是抑郁症和焦虑症。研究发现，体育锻炼是治疗抑郁症的有效手段之一。抑郁症患者经过有规律的体育锻炼，能显著减轻症状。

体育锻炼还具有治疗焦虑症的作用，通过有规律的体育锻炼，锻炼者的焦虑症状可以得到明显缓解。

第三节 运动保护

在运动过程中，人体机能会随时发生变化。因此，应针对这个特点来进行体育锻炼，也就是我们所说的运动保护。运动保护一般包括运动前准备、运动后放松和自我养护3个方面。

一、运动前准备

准备活动是指在正式运动之前进行的有目的的身体练习。做好充分的准备活动，可以缩短机体进入最佳状态的时间，同时还可以预防运动损伤的发生，为机体发挥最大的工作效率做好功能上的准备。

(一)准备活动的作用

1. 提高中枢神经系统兴奋状态

(1) 使大脑反应速度加快，参加活动的运动中枢神经间相互协调。

(2) 为正式运动时生理机能达到适宜程度提前做好准备。

2. 提高机体代谢水平

(1) 准备活动可以使锻炼者体温升高，降低肌肉黏滞性，使肌肉的伸展性、柔韧性和弹性增强，从而有效预防运动损伤的发生。

(2) 准备活动可以增强体内代谢酶的活性，使物质代谢水平提高，以保证运动时有较充分的能量供应。

3. 克服内脏器官生理惰性

(1) 准备活动可以提高心血管系统和呼吸系统的机能水平，使肺通气量及心血输出量增加。

(2) 可以使心肌和骨骼肌的毛细血管扩张，使其工作肌获得更多的氧，从而克服内脏器官的生理惰性，使之尽快达到最佳状态。

4. 增加皮肤毛细血管血流量

准备活动可以使皮肤毛细血管的血流量增加，运动后毛细血管扩张，有利于散热，降低体温，有效防止正式活动时由于体温过高而影响运动能力。

(二) 准备活动的要求

1. 准备活动的时间

(1) 准备活动的时间可以根据运动项目的具体情况确定，一般以 10 ～ 30 分钟为宜。

(2) 准备活动与正式运动的间隔时间，一般以不超过 15 分钟为宜，可以在做完准备活动后立刻进行正式运动。

2. 准备活动的强度

(1) 准备活动的强度和量应较正式运动小，以免引起疲劳。

(2) 准备活动的量可以由心率决定，心率以 100 ～ 120 次 / 分钟为宜。

(三) 一般性准备活动

一般性准备活动的内容多以伸展运动开始，然后进行一般性的跑步、徒手体操等活动。

下面介绍一套常用的一般性准备活动操，供锻炼者运动前使用。这套活动操主要包括头部运动、肩部运动、扩胸运动、体侧运动、体转运动、髋部运动和踢腿运动等。

1. 头部运动

两手叉腰，两脚左右开立，做头部向前、向后、向左、向右，以及绕环运动。见图 2-3-1。

图 2-3-1

2. 肩部运动

手扶肩部，屈臂向前、向后绕环，以及直臂绕环。见图 2-3-2。

图 2-3-2

3. 扩胸运动

屈臂向后振动及直臂向后振动。见图 2-3-3。

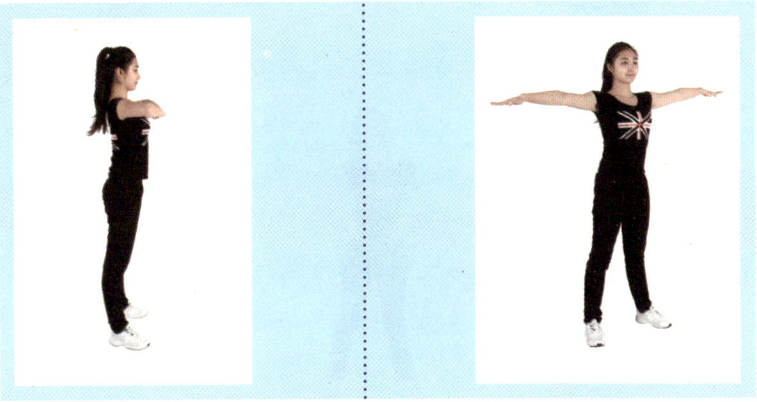

图 2-3-3

4. 体侧运动

两脚左右开立，一手叉腰，另一臂上举，并随上体向对侧振动。见图 2-3-4。

图 2-3-4

5. 体转运动

两脚左右开立，两臂体前屈，身体向左、向右有节奏地扭转。见图 2-3-5。

图 2-3-5

6. 髋部运动

两脚左右开立，两手叉腰，髋关节放松，向左、向右 360 度旋转。见图 2-3-6。

图 2-3-6

7. 踢腿运动

两臂上举后振，同时一腿向后半步，重心置于前腿，两臂下摆后振，同时向前上方踢腿。见图 2-3-7。

图 2-3-7

二、运动后放松

运动后放松是指运动后进行的一些能够加速机体功能恢复的、较轻松的身体活动。与运动前的准备活动相反，其目的是使锻炼者的生理机能水平逐步得到恢复。

(一) 放松方法

1. 运动性手段

(1) 运动结束后，锻炼者可采用变换运动部位的方法来消除疲劳，如上肢出现疲劳时可做一些慢跑运动，下肢出现疲劳时，可做一些上肢运动。

(2) 转换运动类型也是一种不错的放松方法，如打羽毛球出现疲劳时可做瑜伽来达到放松的目的。

(3) 还可以用调整运动强度的方法来缓解疲劳，如可以在放松过程中，采用小强度的轻微运动方法等。

2. 整理活动

(1) 整理活动是指运动后所做的一些能够加速机体功能恢复的身体活动，如剧烈运动后进行 3 ～ 5 分钟慢跑或其他整理活动，使身体机能得以恢复。

(2) 剧烈运动后若不做整理活动而骤然停止动作，会影响氧气的补充和静脉血的回流，使机体血压降低，引起不良反应。见图 2-3-8。

(二) 注意事项

1. 在进行整理活动时动作应缓慢、放松，运动量不要过大，否则会引发新的疲劳。

2. 在进行整理活动时，应当保持心情舒畅、精神愉悦。

图 2-3-8

三、自我养护

锻炼后，锻炼者感觉身体疲劳是一种正常的生理现象，是体育锻炼过程中的正常反应。随着体育锻炼时间的延长，疲劳症状自然会消失。运动性疲劳出现后，锻炼者如果采用一些自我养护措施，可以加速身体机能的恢复，尽快消除疲劳，提高锻炼效果。常见的自我养护方法主要包括运动后休息、合理营养和物理手段。

(一) 运动后休息

1. 静止性休息

(1) 静止性休息是指锻炼者运动后保持机体相对静止的状态，以促进身体机能恢复，尽快消除疲劳。

(2) 静止性休息的最佳方式是睡眠，特别是刚开始从事锻炼者，身体不适应或疲劳症状明显时，更应该保证充足的睡眠，否则，锻炼者虽然积极参加了体育锻炼，但收效甚微，甚至会导致过度疲劳症状的发生。

(3) 静止性休息更适合消除全身运动导致的整体疲劳症状。见图 2-3-9。

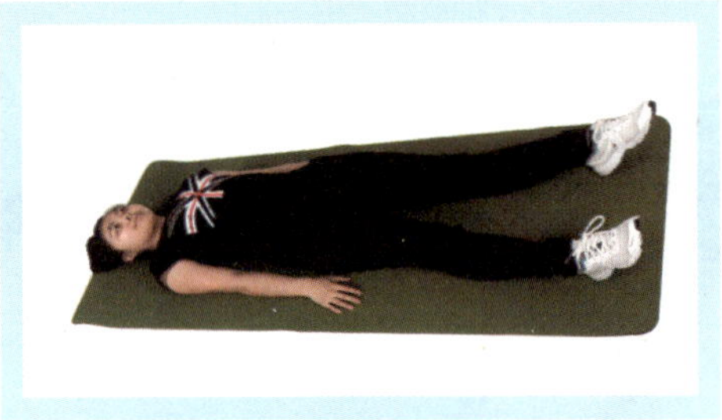

图 2-3-9

2. 积极性休息

(1) 积极性休息更适合由于少量肌肉群参与工作而导致的局部疲劳，或运动强度较大而导致的快速疲劳。

(2) 积极性休息可以加速血液循环，有利于代谢物排出体外，对促进身体机能的恢复具有明显的效果。见图 2-3-10。

图 2-3-10

(二)合理营养

小强度、长时间的运动形式，主要是靠糖原的有氧代谢提供能量。运动后应及时补充淀粉类食物，如面粉、大米等，以促进糖原的合成。随着人民生活水平的提高，在饮食结构中，肉类食品的比重不断增加，而淀粉类食品的比重逐渐减少，这一现象应当引起人们的注意。特别是老年人参加体育锻炼，更应注意对淀粉类食物的补充。

强度较大、时间又相对较长的运动形式，主要是靠糖原的无氧代谢提供能量。这样，糖原无氧代谢产物——乳酸便会在体内大量堆积。因此，运动后应多补充蔬菜、水果等碱性食品，以加速乳酸的清除，尽快消除疲劳。见图 2-3-11。

图 2-3-11

(三)物理手段

1. 按摩及牵拉

(1) 通过按摩刺激神经末梢、皮肤结缔组织和毛细血管，可以使紧张的肌肉得以放松，从而改善局部组织，加速全身的血液循环，达到促进身体机能恢复的目的。这种方法可以在锻炼后马上进行。

(2) 此外，还可以采取缓慢牵拉肌肉的方法，使收缩的肌肉得到充分的伸展放松。见图 2-3-12。

图 2-3-12

2. 水疗及电疗

(1) 水疗包括芬兰式蒸汽浴、热水浴和桑拿浴等多种形式，主要作用是通过提高体温促进血液循环，清除代谢物，以达到尽快消除疲劳、恢复体力的目的。

(2) 水疗的时间一般以不超过 30 分钟为宜，如果时间过长，会进一步消耗体力，严重时甚至会出现暂时性脑缺血现象。

(3) 如果条件允许，还可以对疲劳的肌肉进行低频治疗。低频治疗仪的原理是模拟针灸疗法，使用时将电极用不干胶对称地粘贴在运动部位表皮上。这种疗法可以促进局部血液循环，改善组织代谢，缓解肌肉酸痛，消除疲劳。

3

第三章 基本技术

掌握基本技术对练习者提高战术水平具有重大意义。基本技术包括步法、握拍、发球、接发球、底线平击球、底线削球、放小球、挑高球、高压球、网前截击和击球要素等。

第一节 步法

在网球比赛中，选手跑动是否迅速、步法是否灵活至关重要。在网球的各种击球动作中，人必须与球保持一个适当的距离，而且要有一个合适的站位，这样才能得心应手地打出各种好球。网球的步法包括基本步法、底线型步法和上网进攻型步法等。

一、基本步法

基本步法包括开放式步法、关闭式步法、滑步、左右交叉步和向侧后移动交叉步等。

(一) 开放式步法

开放式步法是网球运动中运用次数最多的步法，特点是跑动距离小、在身体附近击球。

1. 动作方法

两脚平行站立，以前脚掌为轴，转胯、转体，形成击球步法。见图3-1-1。

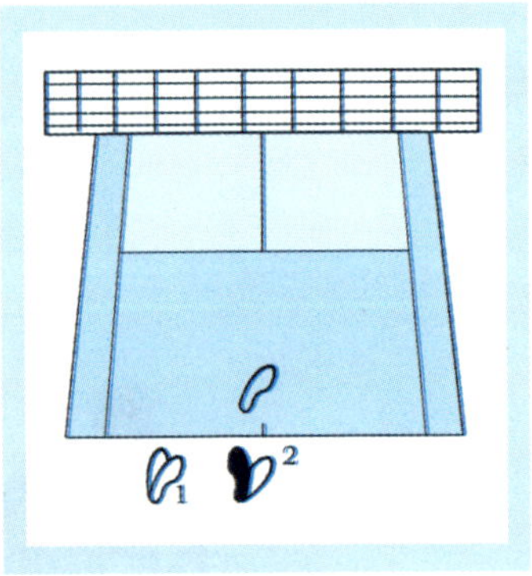

图 3-1-1

2. 技术要点

两脚平行站立，以前脚掌为轴移动脚步。

3. 错误纠正

练习时易出现身体紧张、动作僵硬等问题。因此，身体应放松，起动要快。

(二)关闭式步法

关闭式步法被广泛用于单手反手击球中，但却不提倡在双手反手击球中使用，因为不适合回位。

1. 动作方法

以前脚掌为轴，另一只脚向前45度跨步，形成击球步法。见图3-1-2。

2. 技术要点

以前脚掌为轴移动脚步。

3. 错误纠正

练习时易出现身体紧张或动作僵硬等问题。因此，身体应放松，起动要快。

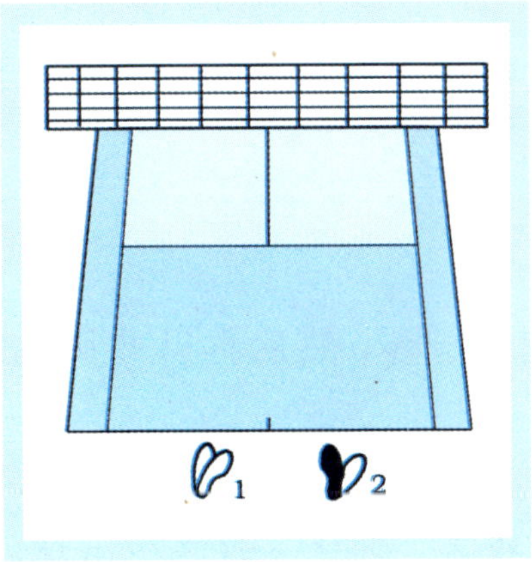

图3-1-2

(三)滑步

滑步相对于开放式步法和关闭式步法来说，是一种移动距离相对较大的步法。

1. 动作方法

身体做好准备击球姿势,面对来球,两脚平行移动,准备击球。见图 3-1-3。

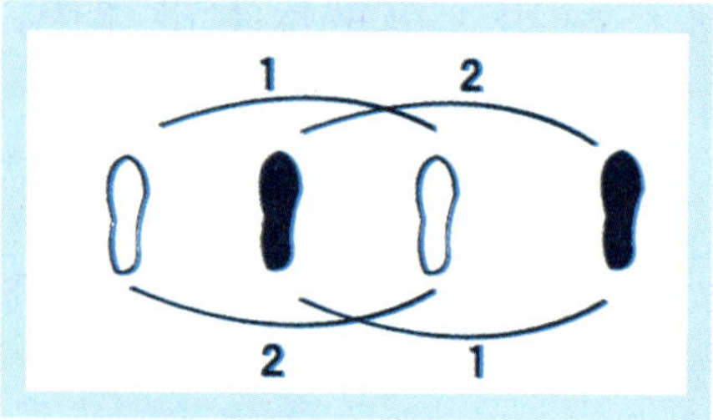

图 3-1-3

2. 技术要点

两脚平行移动,移动距离相对较大。

3. 错误纠正

练习时易出现两脚未平行移动等问题。因此，应分解动作进行练习，体会动作要领。

(四)左右交叉步

1. 动作方法

一脚先向体侧迈一步，然后再以此脚为轴，另一脚向体侧迈步。见图 3-1-4。

2. 技术要点

步法移动范围较大，在身体的远端击球。

3. 错误纠正

练习时易出现身体重心起伏大或制动不好等问题。因此，应多进行交叉步练习，体会动作要领。

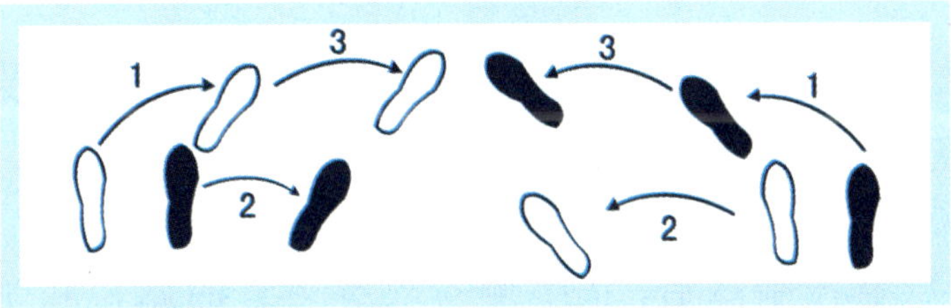

图 3-1-4

(五)向侧后移动交叉步

1. 动作方法

步法与左右交叉步相同，只是一个向体侧运动，一个向身体侧后方运动，对初学者来说，要灵活掌握。见图 3-1-5。

2. 技术要点

步法移动范围较大，在身体的远端击球。

3. 错误纠正

练习时易出现身体重心起伏大或制动不好等问题。因此，应多进行交叉步练习，体会动作要领。

图 3-1-5

二、底线型步法

底线型步法是指站在网球场地的底线位置，根据来球的角度和速度的不同情况采取不同的步法。

1. 动作方法

（1）反手控制球后，正手侧身攻练习者的站位和基本活动区域是在场地底线附近偏左的范围。

（2）两面进攻练习者的站位和基本活动范围是在底线附近、中间略偏左的范围。

（3）在来球速度较快、角度较大时，向来球方向做斜插跑动，以正手为例，左脚转体向右侧跨出，然后按右、左、右、左的顺序向击球方向移动。

（4）在来球速度较慢、落点位于中场发球线附近时，多采用跑动迎上的击球步法。

（5）在来球速度较慢、落点在反手区时，应采用正手侧身攻击，左脚向左跨，然后做侧滑步，到击球位时，左脚迅速向左上方跨出。

（6）当对方来球速度快、落点深时，正、反手击球一般采用先后退、再迎上的步法，即先快速后退，然后左脚跨出，向前退击球。见图 3-1-6。

2. 技术要点

在跑动的过程中，要注意自己的防守和攻击范围，切忌因跑动幅度过大而造成失误。

3. 错误纠正

练习时易出现视觉偏差等问题。因此，移动时应以场地的边际线为参照物。

图 3-1-6

三、上网进攻型步法

上网进攻型步法是练习者根据对方击球距离的远近所采用的一种步法，主要依靠在网前附近的步法变化移动以及跑动进攻来反击对方。上网进攻型步法分为发球上网和随球上网两种步法。

（一）发球上网

1. 动作方法

（1）单脚起跳发球时，左脚支撑并向前、向上蹬起，右脚随发球跳进场地。

（2）两脚起跳发球时，左、右脚同时支撑，并向前、向上蹬起，随发球左脚先蹬地，跳进场地，冲至中场发球线附近急停，以便判断来球。见图 3-1-7。

2. 技术要点

发球后迅速朝网前冲击，在发球线附近急停，进行中场截击，再向网前贴近，进行封角度，并做近网截击或高压。

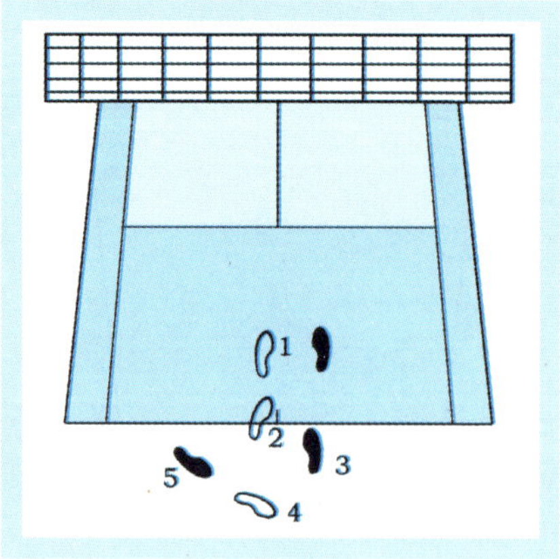

图 3-1-7

3. 错误纠正

练习时易出现忽略急停动作、判断失误，造成接球不及时等问题。因此，应在等待对方来球时，时刻注意对方来球的动作和方向，以便及时准确地接球。

(二)随球上网

1. 动作方法

(1) 正手时，两脚平行，两腿略屈，目视前方。

(2) 反手时，一只脚在身体侧前方，另一只脚在后，做好迎击准备。

(3) 进攻活动范围都在发球线附近和网前。见图 3-1-8。

2. 技术要点

(1) 对方来球出现在发球线附近时，进攻者利用正、反手击球上网。

(2) 在网前进行截击或高压。

3. 错误纠正

练习时易出现忽略急停动作、判断失误，造成接球不及时等问题。因此，应在等待对方来球时，时刻注意对方来球的动作和方向，以便及时准确地接球。

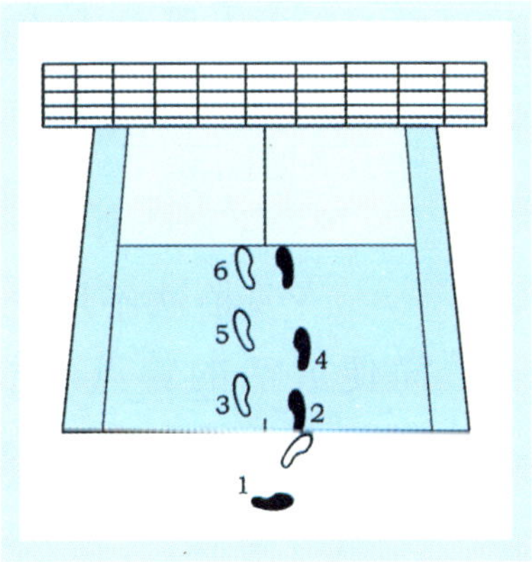

图 3-1-8

第二节 握拍

在所有的网球技术中，最基本的是握拍，它能直接影响球拍面接触球的角度。不同的握拍方式会产生不同的击球效应和打法。握拍包括大陆式握拍、东方式握拍、西方式握拍和双手握拍等。

一、大陆式握拍

大陆式握拍又称“英国式握拍”。这种握拍方式简便灵活，易于处理低球，更适合发球。

图 3-2-1

1. 动作方法

(1) 拍面与地面垂直。

(2) 手掌根贴在拍柄上部，大拇指与食指呈“V”字形，食指与其余三指略分开。见图 3-2-1。

2. 技术要点

该握拍法不用变换握拍位置，具有简便灵活的特点，适合处理低球，对上网截击也很有利。

3. 错误纠正

握拍时易出现不易控制拍面、打高

球不太方便或打不出强有力的上旋球等问题。因此，应及时纠正身体姿势，注意握拍的灵活程度。

二、东方式握拍

东方式握拍是一种比较基本的握拍方式，初学者可以采用此种方式来进行练习。东方式握拍包括正手握拍和反手握拍等。

（一）正手握拍

1. 动作方法

（1）将虎口放在拍柄右侧棱上，食指关节放在拍柄右上侧棱上。

（2）拇指环绕拍柄，在拍柄上伸展食指，以增强力量和适应性。见图3-2-2。

图 3-2-2

2. 技术要点

采用这种握拍，拍面可以通过摩擦球的后部击出上旋球，还可以打出具有很大力量和穿透性的平击球。同时，东方式握拍很容易转换成其他握拍方式。

3. 错误纠正

握拍时易出现时机判断失误，造成扑空或杀球出界等问题。因此，应保证持拍一侧的手臂、肘关节不能太低，不要使用手腕。

图 3-2-3

(二)反手握拍

1. 动作方法

(1)将虎口放在拍柄左侧棱上，食指关节放在拍柄左上侧棱上。

(2)拇指环绕拍柄，在拍柄上伸展食指，以增强力量和适应性。见图3-2-3。

2. 技术要点

反手握拍打出的球可以略带旋转，具有很强的穿透力。而且，采用这种握拍只要做非常小的调整就可以换回大陆式握拍，使选手在削球或在网前截击时能够根据场上情况，随时调整握拍方法。

3. 错误纠正

握拍时易出现动作幅度大、引球出界或直接下网、动作拖泥带水等问题。因此，应注意规范动作，在球拍向后摆动准备击球之前，握拍必须调整完毕，动作要精练。

三、西方式握拍

西方式握拍在打高球时具有很大的威力，包括正手握拍和反手握拍。

(一)正手握拍

1. 动作方法

(1)拍面与地面平行，用手从拍上

面抓住拍柄，手掌的大部分放在拍柄的底部，手掌根贴在拍柄右下斜面。

(2) 食指的下关节握住拍柄的右下斜面，拇指和食指都不前伸，拇指压在拍柄上部小平面。见图 3-2-4。

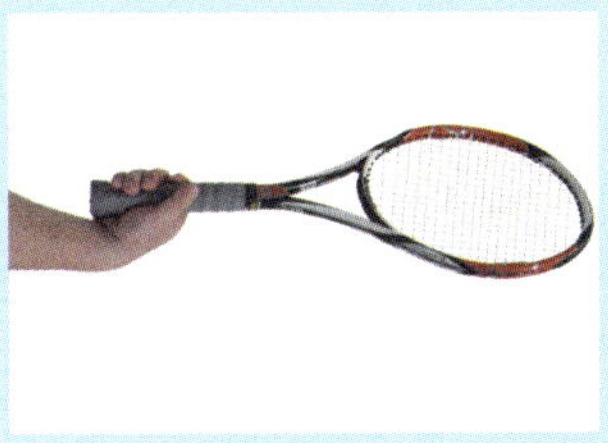

图 3-2-4

2. 技术要点

(1) 适用于打平击球和上旋球。

(2) 在击球时适当地抬高拍面，同时用握拍的手臂带动拍面，这样可加大击球的力度。

3. 错误纠正

握拍时易出现握拍方法不固定、握拍过紧等问题。因此，练习时腕关节应放松，用臂力带动球拍，而不是单纯地使用腕部力量。

(二) 反手握拍

1. 动作方法

正手握拍后，手腕顺时针转，使拇指与食指对准拍柄的左垂直面，食指下关节压直拍柄的上部手面，手掌根贴在左上斜面。见图 3-2-5。

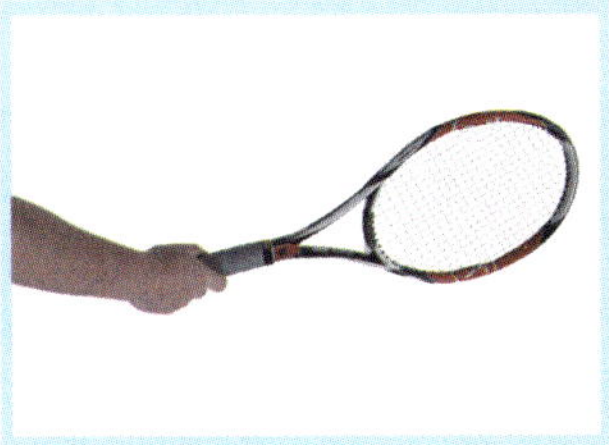

图 3-2-5

2. 技术要点

(1) 适用于打上旋球和削球。

(2) 西方式反手握拍可以配合上网进攻的步法使用，用步法的优势来进行配合，加大击球的命中率。

3. 错误纠正

握拍时易出现食指直接按在拍柄上部或握拍太紧等问题。因此，应使手指和拍柄末端齐平，注意手指的位置和角度，多加练习。

四、双手握拍

双手握拍相对于单手握拍来说击球力量较小，因为双手握拍的挥拍距离较短，手臂不能充分伸展，但是双手握拍比较容易控制球的方向。双手握拍包括正手握拍和反手握拍。

（一）正手握拍

1. 动作方法

（1）面向对方场区站立，两脚开立，略宽于肩，目视对方或来球。

（2）左手在后，靠紧拍柄末端，右手在前，紧靠左手，握住拍柄。

（3）右手通常以东方式正手握拍为主。

（4）左手作为辅助，可用大陆式或东方式反手握拍法。见图 3-2-6。

图 3-2-6

2. 技术要点

（1）拍头位置略低于击球点，但不要低于手腕，保持拍柄的底部正对来球。

（2）双手正手握拍控球较稳，力量相对较小。

3. 错误纠正

练习时易出现双手握拍太紧等问题。因此，应注意双手的位置和角度，多加练习。

(二)反手握拍

1. 动作方法

(1) 面向对方场区站立，两脚开立，略宽于肩，目视对方或来球。

(2) 右手为东方式反手握拍法，即“V”形虎口对准拍柄的第一条线，握在拍柄的下端。

(3) 左手为东方式正手握拍法，即“V”形虎口对准拍柄的第二条线，握在右手的上方，两手靠拢，紧握球拍。

(4) 两膝略屈，上体略前倾，脚跟略提起，重心置于两脚前脚掌间，保持随时起动的状态。见图 3-2-7。

图 3-2-7

2. 技术要点

击球点在肘部最适宜伸展的地方。

3. 错误纠正

练习时易出现双手位置错误，导致接球失误等问题。因此，应注意双手的位置和角度，多加练习。

第三节 发球

在网球运动中，发球是最重要的技术之一，也是唯一由自己掌握的击球法。它可以不受对方制约，在较大程度上能够充分发挥个人的技术特点，控制对方，为进攻创造有利条件。发球包括准备姿势和发球类型等。

一、准备姿势

准备姿势是发球的重要环节，直接影响到发球的成功与否。准备姿势包括准备动作、抛球、击球和随挥等步骤。

（一）准备动作

1. 动作方法

（1）面向对方场区站位，两脚分开站立，略宽于肩。

（2）右手握拍柄，左手扶着拍颈部位，持拍于体前。

（3）上体略前倾，重心置于两脚前脚掌间，以便于迅速起动。

（4）两眼注视对方或来球。见图3-3-1。

图 3-3-1

2. 技术要点

注意身体前倾，可根据个人习惯进行调整，找到适合自己的动作姿势。

3. 错误纠正

练习时易出现重心不稳等问题。因此，应控制好身体重心。

（二）抛球

1. 动作方法

（1）持球手拇指、食指和中指轻轻托住球，掌心朝上。

（2）抛球动作要协调、平稳，球送至最高点再离开手指，抛向空中，此时右肘向后外展，拍头指向天空，身体重心随着抛球开始先移向右脚，然后平稳地开始前移，肩与球网的夹角为直角。

（3）当球拍向后下引时，持球手同时下降至右腿处，当球拍从身后向头上方做大弧度摆动，身体做转体、屈膝、展肩时，持球手柔和地在左肩前上举。见图 3-3-2。

图 3-3-2

2. 技术要点

向下引拍幅度要适中，抛球时身体有适当的倾斜。

3. 错误纠正

练习时易出现抛球高度与击球点不一致等问题。因此，应注意抛球要领，多加练习，切忌抛球力度过大。

（三）击球

1. 动作方法

（1）左手抛出球时，球拍继续向上摆起，握拍手的肘关节放松，向前转动的身体和右肩自动地使手臂在空中形成一个完美的弧形。

（2）当球下降至击球点时，迅速向上挥拍击球，左脚上蹬，使手臂和身体充分伸展，当身体向前上方伸展击球时，肩部、手臂回转，两肩与球网平行。

（3）挥拍击球时，持拍手腕带动小臂，击球点位于拍面的三分之二处。

（4）球发出后，身体向场内倾斜，保持连续完整的向前上方伸展的随挥动作。

（5）球拍挥至身体左侧，重心移向前方，做到自然跟进，保持身体平衡。见图 3-3-3。

图 3-3-3

2. 技术要点

击球的过程中有一个旋内的鞭打动作，是发球发力的动作关键，也是重心前移、蹬腿、转体、挥拍等力量的凝聚点。

3. 错误纠正

练习时易出现手腕变形、击球点错误等问题。因此，应注意规范动作，体会要领。

(四)随挥

1. 动作方法

(1) 到达击球点后，顺着身体及挥拍惯性，做收腹、转肩和收拍动作。

(2) 最终球拍由上臂带动，收向持拍手的异侧体侧，结束整个发球动作。见图 3-3-4。

图 3-3-4

2. 技术要点

随挥动作要协调、自然。

3. 错误纠正

练习时易出现动作紧张等问题。因此，应注意手臂放松。

二、发球类型

每一种发球都有自己的特点和用途，好的发球具有相当大的攻击性。网球的发球类型包括平击发球、切削发球和上旋发球。

(一)平击发球

1. 动作方法

以拍面中心平直对准球，击球后中上部，此时手腕的向前鞭甩和前臂的“旋内鞭打”非常重要，身体充分向上，向前伸展，在最高击球点击球，提高发球命中率。见图 3-3-5。

2. 技术要点

(1) 平击发球的球速快、反弹低、力量大、威胁大，但命中率较低。

(2) 如果身材高大，可以借助高点击球的空中优势直接进攻对方。

(3) 如果身材较矮小或女选手则不宜使用平击发球。

3. 错误纠正

练习时易出现抛球不稳、握拍手动作不协调、肘关节下降或没有充分抬起等问题。因此，发球时应直臂向上摆送至头部以上，再松开手指，身体放松，保持平衡。

图 3-3-5

(二)切削发球

1. 动作方法

(1) 左手持球向下，向前方偏右上方直臂抬起，大约抬至头部上方时，向上抛球，使球垂直上升。

(2) 右手握拍与左手同时向下摆动，经右膝边然后向后上方摆动，当握拍手摆至肩高时，转肩、抬肘、弯臂，使拍头垂于背后如“搔背”状，同时身体向右转动，下颌抬起，全身呈背弓形。

(3) 当球快进入击球点时，右臂迅速向前上方挥动球拍，同时蹬腿、直腰、踮脚尖，身体从屈到伸，伴随着转体、转肩，使重心移到前脚。

(4) 使球拍在所能达到的最高点，从球的右上角切削而下,要有扣腕动作，触球时使前臂、手腕和拍柄近似于一条直线。

(5) 以随挥动作结束击球。见图 3-3-6。

2. 技术要点

(1) 击球时，切削点在球的中部偏右，球拍可向右偏击。

(2) 在网前进攻时使用切削发球具有较高的优势。

(3) 在击球的过程中，切削发球的球速快、威胁大、命中率高。

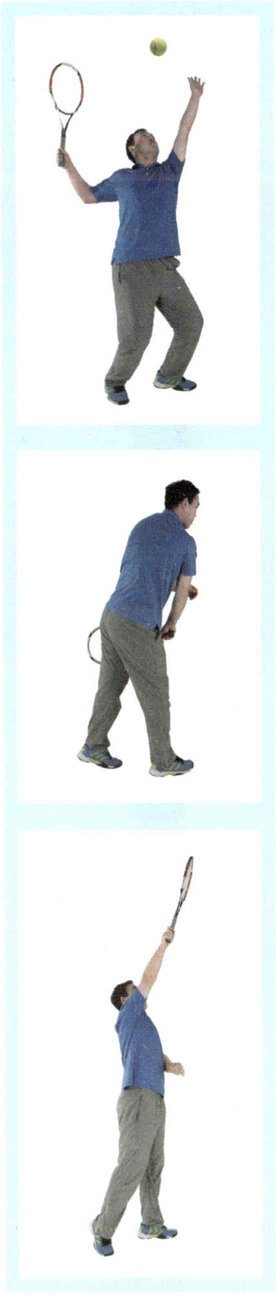

图 3-3-6

图 3-3-7

3. 错误纠正

练习时易出现力度掌握不好、球直接下网或握拍不到位等问题。因此，肘关节应尽量向上，抛球至右侧前上方，准确到位。击球时目视来球，击球点要高，擦击球面右上方的位置，扣腕动作要明显。

(三)上旋发球

1. 动作方法

(1) 将球抛于头后偏左位置，约在左肩上方外侧。

(2) 击球时身体尽量后仰呈弓形，球拍快速从左向右上方挥动，从下向上摩擦球的背面，并向右带出球，使球向右侧上旋发出。见图 3-3-7。

2. 技术要点

(1) 上旋球的旋转程度要大于切削发球。

(2) 发力越强，旋转越大，弧形就越大，命中率也就越高。

(3) 上旋球落地后可以高反弹到对方的左侧，迫使对方离位接球，造成很大压力，给发球上网带来足够时间。

3. 错误纠正

练习时易出现手臂和脚步动作不协调，导致身体失去平衡等问题。因此，应注意动作的协调配合，多做练习，体会动作要领。

第四节 接发球

网球比赛是以发球和接发球开始的，比赛中，如果接发球失误，不仅会给对方较多的进攻机会，而且还易引起自己心理上的紧张和畏惧，造成接连失误。反之，如果接发球处理得好，不仅可以直接得分，还可以破坏对方的强攻，成为战术上和心理上的有力武器，为自己的进攻创造有利条件。

1. 动作方法

(1) 选择适合自己的握拍方法，注意力集中。

(2) 对方发球时，膝盖弯曲，两腿叉开，对方抛球准备击球时，重心提起，两脚快速交替跳动。

(3) 当对方球已发出时，接球者脚掌踮起，以便在判明来球方向后，迅速做转体动作。

(4) 接发球完成动作的时间比一般的落地球要短，就是说接球方要准备得更快，后摆距离也要缩短。

(5) 面对一个快速发球，根本没有更多的时间做出反应，因此必须缩短后摆动作，把注意力集中在出拍击球上。

(6) 准备接发球时，对于飞来的球体必须系统判断，从球离开发球员手之前，到它跳起被球拍击到时，目光始终不能离开球。

(7) 接发球时站立的位置最好在端线上，站在这个位置，可以及时做出反应、准备和击球，但如果对方发球员的第二发球很弱，速度很慢，便可以踏进场内击球，给对方发球员施加压力，减少其准备时间，以便对他的发球动作以及发完球后下一次击球造成影响。

(8) 接发球时，握拍要紧，手腕也要绷紧，特别在接力量较大的发球时，更要注意这两点。

(9) 接发球后，应移动到对方可能回球的中心区域，随挥动作一结束，身体就要移动，准备对方的下一次回击，并立即移动到自己场地中央。见图 3-4-1。

2. 技术要点

(1) 在思想上要先发制人，力争主动，即使没有机会进攻也要设法变换球速，控制好落点，使对方不能进攻。

(2) 突出“快”和“变”，做到判断准确、有预有打（以预为主）、有拉有削（以拉为主），给对方施加心理压力。

3. 错误纠正

练习时易出现两臂与身体夹角过小、不能协调用力或两臂擦球等问题。因此，应多做多球式的接发球练习，体会动作要领。

图 3-4-1

第五节 底线平击球

底线平击球是指击球位置在网球场地的底线，采用平击，即不带任何旋转的一种击球方法。底线平击球包括正手底线平击球和反手底线平击球。

一、正手底线平击球

正手底线平击球类似于普通的正手击球，只是击球的位置是在底线位置。正手底线平击球，在比赛中运用较多。

1. 动作方法

(1) 握拍方法可以选择东方式正手握拍法或东西方混合握拍法。

(2) 面对球网，两脚自然前后站立，与肩同宽，两膝略屈，身体略向前倾，重心落在前脚掌上，右手握拍，左臂体前略屈，两肘略屈，球拍置于体侧，做好击球准备。

(3) 当判断来球须用正手回击时，转动两脚，左脚跟抬起，并向右侧前方上步，右脚向右转 90 度，与底线平行，同时转肩、转髋，带动右手向后摆动引拍。引拍时肘部弯曲，自然下垂，左手伸向前方，保持身体平衡，身体重心移向右脚，左肩对着右侧的网柱，手腕固定，挥拍转动约 180 度，拍头指向后挡网。当发现对方所击球朝我方飞来时，开始后拉拍，转髋的同时转动两肩，带动球拍向后引，做后摆动作。

(4) 右脚向右转，约与底线平行，左脚位于右斜前方，与右脚约呈 45 度角。

(5) 球拍从后摆进入向前挥动时，向前迎击球，借助转髋和转腰的力量快速扭转身体，紧握球拍，手腕后伸、固定，用力蹬脚，转动身体，利用离心力摆动身体，并立即挥拍击球。

(6) 击球后，球拍沿着球飞行的方向继续向上挥动，肘关节向前上方跟进前伸，身体继续前送，重心前移落在左脚，身体也随着转向球网，拍头指向上方，高出头部。见图 3-5-1。

2. 技术要点

(1) 击球时两脚基本与底线平行，但需要较多的转体动作和手臂动作与之相配合。

(2) 重心转换与动作变化应协调统一。

3. 错误纠正

练习时易出现手臂与脚步动作不一致，导致身体不协调等问题。因此，应慢动作练习，体会动作要领。

图 3-5-1

二、反手底线平击球

反手底线平击球类似于普通的反手击球，只是击球的位置在底线位置。反手底线平击球是一个选手技术全面的标志，特别是在比赛中，反手常常是被对方攻击的薄弱点。

1. 动作方法

(1) 对方来球方向是反手时，握拍由东方式正手握拍法或东西方混合式正手握拍法转换成东方式反手握拍法或双手反握拍法。

(2) 后摆动作左手轻托球拍的颈部，转动两肩，右肩前倾，略侧身对网，同时右脚向左侧前方约45度角跨出，身体自然放松，注意力集中，握拍手肘关节弯曲，贴近身体准备迎击来球。

(3) 向前迎击球时，东方式反手握拍的击球点在轴心脚的侧前方，而双手反握拍的击球点在左脚的侧前方。

(4) 向前挥拍击球时，朝着球网一鼓作气地回身转腰，拍面垂直于地面，肘关节略屈并外展，手腕紧锁，由下向上奋力挥出，在将要击球时，身体重心由后脚移向前脚，随球的运动方向前移。

(5) 为了控制球，跟进动作时球拍应向上挥到肩部或头部的高度，同时保持身体平衡，并准备下一拍的击球。见图3-5-2。

2. 技术要点

(1) 判断来球，及早做出准备，在球落地弹起后的上升期迎击球。

(2) 后摆动作要小，略向网前正手截击动作拉拍，拍面略开，随着球拍向前挥动，在击球瞬间，拍面几乎垂直于地面。

(3) 击球点在身体侧前方，击球时身体重心随挥拍动作一起向前，同时步法也相应跟上。

(4) 如对方来球是上旋，跳得较高时，球拍应击球的中部，向前并略向下推起用力。

(5) 如对方来球是下旋，跳得较低时，球拍应击球的中下部，向前并略向上推切。

3. 错误纠正

练习时易出现击球点靠后、引拍幅度过大、重心不前移、左右手身前交叉、击球动作过分外翻、击球不实、肩部不协调或球的路线太高等问题。因此，应进行对墙连续反手截击练习，体会固定手腕时“吃中球”的感觉，再向后移，连续反手削击落地球。

图 3-5-2

第六节 底线削球

底线削球，顾名思义，即击球位置在网球场地的底线时所采用的削球技术。如果掌握了底线削球技术，对于扩大击球范围和击球的稳定性很有益处。如果能在进攻或防守中轻松自如地使用这一便利的攻击手段，无疑将扩大击球的控制范围，显著提高竞技能力。底线削球包括正手底线削球和反手底线削球。

一、正手底线削球

正手底线削球主要在连续对攻中使用。削球作为一种很重要的打法，具有不可比拟的优势，为了能削出旋转球，引拍方法比击球时的挥拍更重要。能否正确地完成后摆引拍，做好削球准备，决定着削球成功与否。

1. 动作方法

(1) 判断要打正手时，向右转肩，将球拍向右引至右肩上方，手臂适度弯曲，拍面略后仰，击打球的中下部。

(2) 击中球后继续向前随挥，重心前移，自然停止。见图3-6-1。

2. 技术要点

(1) 集中精力，做好后挥引拍，摆好拍面准备迎击来球。

(2) 大削球时，务必要让球拍自上而下走一条直线。

3. 错误纠正

练习时易出现削球过程中身体全部展开，导致挥拍高度或幅度过大等问题。因此，持拍一侧的右手臂肘关节应保持一定的高度。

图 3-6-1

二、反手底线削球

反手底线削球是与正手底线削球相对应的一种攻击方式。反手底线削球对练习者的技术要求较高，既要求高度，也要求速度。

1. 动作方法

(1) 握拍手虎口放在拍柄上半面与左上斜面的交界线上。

(2) 判断要打反手时，立即向左转肩，由转肩动作带动球拍向后，手腕略翘起，以保持球拍向上，高于腕部。

(3) 击球时球拍由上向下切削，拍面接触球时略仰起，击打球的中下部。

(4) 击球点的选择应在侧身转体的右肩前（以右手执拍为例）20 厘米左右。

(5) 击中球后继续向前随挥，自然停止削球动作。见图 3-6-2。

2. 技术要点

(1) 要使球产生下旋，向后拉拍时要相对高一些，然后迎着来球向前下方挥击。

(2) 后拉拍的拍头高度要高于将要选择的击球点高度，具体视来球情况和击球点的不同高度和削球方式而有所区别。

(3) 向前挥拍时，重心随着球拍前移，以加强击球的力量和速度。

3. 错误纠正

练习时易出现拉拍高度不够、动作变形或找不到正确的切削点等问题。因此，应使后拉拍的拍头高于击球点的高度，手腕翘起，拍头高于手腕，击球点力争在转肩后的肩部前方。

图 3-6-2

第七节 放小球

放小球技术是调动、干扰、牵制对方的有力武器。在比赛中配合运用放小球，可以更有效地发挥自身特长技术的攻击性，使对方不能专心防守，打乱对方的站位、击球节奏等，充分发挥自己的各项技术水平。

1. 动作方法

(1) 放小球应采用“交叉步”站位，球拍后引，侧身对网，拍头高于设想的击球点，目视来球，前臂放松。

(2) 侧身击球时，拍面略展开，动作柔和，触球点在球的下部，使球产生下旋，并以适当的前推或上托动作将球击出，使球落在对方球场的近网处。

(3) 击球后身体重心向击球方向跟进，自然、协调地完成随挥动作。见图 3-7-1。

2. 技术要点

击球时拍面略开，动作柔和，手指、手腕放松。球拍向前下方切球的下部，使之产生下旋，向前或向下切的幅度要根据球的具体情况来选择，使球以适当的弧线过网。

3. 错误纠正

练习时易出现拍面仰拍幅度过大、手臂过于紧张或用力不当等问题。因此，应尽量用大陆式握拍法击球，击球时手腕要固定、锁住，尽量让拍头不低于手腕，保持拍柄与地面平行，侧身对来球，跨出前脚，重心前移，稳定肩膀，略夹紧上臂。

图 3-7-1

第八节 挑高球

挑高球即向上击球。在网球比赛中，挑高球可以作为一种防御技术，也可以作为一种进攻手段来使用。它可以破坏对方的进攻节奏，改变对方回击球的速度。高球挑得隐蔽，能减弱对方在网前的优势，使自己从被动转为主动。因此，一定要重视挑高球练习。挑高球技术包括进攻性挑高球和防守性挑高球。

一、进攻性挑高球

进攻性挑高球又称“上旋高球”。对付网前截击型对手，进攻性挑高球是对其的“致命武器”之一，能够打乱对方的网前战术。这种球能够强劲飞越网前对手，迅速落在后场，使对方既够不着又追不到，即使勉强打到，也是软弱无力，从而露出空当，给破网得分创造机会。

1. 动作方法

(1) 两脚张开，与肩同宽，两膝略屈，重心降低，执拍两手放在身体前方的中心处，目视对方，时刻注意来球，注意力集中。

(2) 后摆引拍时加大手腕的后屈动作，与小斜线上悬击球动作相近，给对方造成错觉。

(3) 击球时，从侧身对网开始，转动两肩和臂部，拍头略低，位于球后，在与前脚平行或略后位置，击球瞬间，目视来球。

（4）击球部位在球的后部偏下方，在击球瞬间，紧握球拍，手腕紧绷，利用手腕的回拨和前臂的回旋，使球拍从球的后下方向球的前上方做弧形擦击，加快拍头挥动速度，球拍触球时间要长，击球点最好在前脚的略后方。

（5）击球后，球拍朝着设想的出球方向充分跟进，随挥动作要放松，在身体左侧结束。见图 3-8-1。

2. 技术要点

（1）挑高球动作要尽量做得隐蔽，以削弱对方在网前的优势。

（2）做拉拍动作时，要使手腕保持后屈。

（3）在挥拍击球时，拍面垂直，采用手腕与前臂的滚翻动作，由后下方向前上方挥拍，做弧线形鞭击球动作，使球拍在击球瞬间进行擦击，以产生强力上旋。

3. 错误纠正

练习时易出现重心移动明显等问题。因此，应在练习的过程中不断调整自己的重心位置。

图 3-8-1

二、防守性挑高球

防守性挑高球亦称“下旋高球”，飞行弧线高，比上旋高球更易控制，具有失误少的优点。在底线被对方打离场地时，打防守性挑高球能赢得时间，回到有利位置。如果能熟练掌握防守性挑高球技术，可以使对方失去在网前扣杀的机会。

1. 动作方法

（1）握拍方法与进攻性挑高球相同。

（2）击球时拍面朝上，由后下方向前上方平缓挥拍击球，触球的中下部。

（3）随挥动作与底线正、反手击下旋球相同，跟进动作充分，转动手腕，向上挥拍，使球产生上旋，拍头高过头顶，平稳、流畅地完成跟进动作，整个动作在身体的另一侧的前上方结束。

（4）结束动作高于进攻性挑高球，面对球网，重心略后。见图 3-8-2。

2. 技术要点

（1）动作隐蔽，尽量使握拍、侧身转肩、向后引拍动作与底线正、反手击下旋球一致。

（2）击球点准确，在适合的高度进攻，拍头在击球时不要超过头顶。

（3）击球后迅速做好下一次击球前的准备，顺着球的飞行路线向上做随挥动作，球拍尽可能远送。

3. 错误纠正

练习时易出现手腕放松、击出球没有上旋、拍形掌握不好、击球部位不准确、拍面过于后仰或击球用力过大等问题。因此，应注意手腕后屈，注意控制拍面，多做接挑高球练习，体会动作要领。

图 3-8-2

第九节 高压球

高压球又称“扣杀球”，指将对方挑过头顶的高球，自上而下扣压到对方场区的击球动作。良好的高压球技术，能为上网截击增加信心和威力。根据对方挑高球落点的深浅，采取猛力的扣杀和落点准的打法，能使高压球更具威胁性。

1. 动作方法

(1) 多采用大陆式握拍法，或者是东方式反手握拍法。

(2) 当对方挑高球时，应立即侧身转体，并用短促的垫步向后退，同时侧身，持拍手上举至头部，向后引拍，重心在两脚前脚掌上，后腿弯曲，随时准备扣杀。

(3) 脚步调整与身体位置变化的同时侧身，以最快、最敏捷的动作抬起右手，肘部抬起约与肩同高，球拍在头上。

(4) 挥拍击球时，非持拍手上举，指向来球的方向和高度，击球点在右眼前上方，用后脚起跳，转体、收腹，击球后用前脚着地，同时后脚向前跨，准备上网截击。见图 3-9-1。

2. 技术要点

(1) 近网高压球击球点可偏前，便于下扣动作的完成，远网后场高压的击球点可略后些，击球时向前下方挥击，以防下网。

(2) 手臂挥拍动作与发球相同，利用后摆动作，迎击对方来球，不要硬给手臂施力以压制高球。

(3) 距球网较远，击球点偏后时，要有手腕的内扣动作，注重力量和角度。

(4) 转体、起跳挥拍一气呵成，注意保持身体平衡。

3. 错误纠正

练习时易出现击球点太低或拍面下压速度太慢等问题。因此，在击球过程中应把握好击球的力度，调整好击球时间。

图 3-9-1

第十节 网前截击

网前截击技术，又称“挡网”，是指球在空中未落地之前，用球拍推挡球过网的击球方法。网前截击可调节球速，缩短击球距离，扩大击球角度，从而赢得准备时间而取胜。网前截击技术的力度大，球速快，且易给对方突然攻击，是一种比较有效的得分技术。网前截击包括正手截击、反手截击和近身截击等。

一、正手截击

正手截击，即采用正手截击对方来球。此种方法适合截击平球，一般适用于中场位置，可以给对方更快、更强有力的回击。

1. 动作方法

(1) 采用东方式正手握拍，可保证在正、反手击球时，拍面与球能够充分有效撞击。

(2) 引拍动作迅速、简单、幅度小，以转肩为主。

(3) 引拍后保持球拍与肩平行，不要高于肩部，拍头高于手腕，同时目视来球。

(4) 向前挥拍时，随着正手出左脚，反手出右脚向前跨步，同时重心前移，带动右肩顺势向前挥球拍。

(5) 在对方击球前或击球的瞬间，重心前移，做到人到球到，击球时两肘关节放在前面，始终目视来球，以身体的力量和短小的撞击动作来截击球，随着来球的高低变化，随时调整击球时的拍面角度，始终保持击球点在身体侧前方。

(6) 击球后的随挥动作不是很长，球拍触球后沿击球的方向送出30厘米左右即停止。见图3-10-1。

2. 技术要点

(1) 通常情况下，拍面击中球时略开放向上，但截击高球时，需要将拍面接近垂直位置击球。

(2) 向前挥拍时应保证右肩的紧张用力，不可放松。

(3) 中场截击后应立即向网前移动，占据网前有利位置。

(4) 截击低球，最好使球的落点深些，以增加对方回球的难度。

(5) 截击高球，要采取进攻的打法，以求截击直接得分。

3. 错误纠正

练习时易出现向后扭引拍幅度过大，造成击球无力、网前站立腿过直或动作不灵活等问题。因此，应规范截击球引拍技术动作，拍头向侧上方，模仿撞击球动作，也可增加挥拍练习，体会动作要领。

图 3-10-1

二、反手截击

反手截击是对方来球飞向练习者时反手进行的一种截击技术。此类截击技术的特点是击球稳定，速度与力量比较平稳。

1. 动作方法

(1) 通常采用东方式握拍法，正、反手之间不换握。

(2) 身体充分放松，弯腰下蹲，后脚蹬地，使身体重心向前移动，前推时球拍与地面呈 45 度角。

(3) 当球飞到反手方向时，立即向左转身，扶拍颈的左手向后拉半拍，右手跟随。

(4) 球拍靠近左肩时即停止向后，拍头向上高于手腕，目视来球，右脚向侧前方跨步，此时左手仍扶拍颈处。

(5) 击球时，球拍向着击出球的方向做简短的撞击动作，用肩和前臂动作向下击球，击球手前送，另一只手向后，击球点在身体的左侧前方，手腕固定，手臂自然伸直。见图 3-10-2。

2. 技术要点

(1) 在侧身转体的基础上，迎球上步的同时，利用身体向前移动的惯性，以肘部领先身体击球。

(2) 击球时手臂向前推 30 厘米，使球与球拍产生摩擦，有利于控制球的方向和落点。

(3) 截击低球时，屈膝，降低重心，拍面要打开些。

3. 错误纠正

练习时易出现步法错误或拉拍动作过大等问题。因此，应多进行拦截练习，体会动作要领。

图 3-10-2

三、近身截击

当对方来球飞向自己身体之时，可采用近身截击技术。此技术的特点是旋转性和应急性都比较强。

1. 动作方法

(1) 多使用反手截击，为增大截击力量，身体要向左转，做一个快速躲闪动作，两脚同时向右跨跳，迅速向左转体。

(2) 执拍时球拍横在身前，拍头翘起，手腕绷紧，拍面对准来球，向前或向下撞击球。

(3) 如果来球飞向右侧，应使用正手截击，身体立即右转，两脚向左跳，形成跳转加闪躲的截击动作。

(4) 击球后，随挥动作要小，以便尽快恢复身体姿势，准备下一次截击。见图 3-10-3。

2. 技术要点

(1) 近身截击比中场截击要靠前，位于发球线前 1.5 米左右，是在中场截击基础上的网前得分的主要手段。

(2) 准确判断来球落点，击球要果断，给对方以致命的一击。

3. 错误纠正

近身截击时易出现忽略全局或站位靠前等问题。因此，应注意击球过程中的跑动，但幅度不要过大。

图 3-10-3

第十一节 击球要素

击球质量的好坏关键在于能不能掌握击球技术的要领。在比赛中，要想打出质量较高的球，使对方很难接住，就要经常练习，掌握好击球的几大要素。击球要素包括击球深度、击球角度、击球速度、击球力量和击球旋转等。

一、击球深度

击球深度是指击球者击出的球在场内距端线的远近程度。落点距端线近，即为落点深；落点距端线远，即为落点浅。

击球时，落点要达到一定的深度，这是因为：

1. 落点深，球飞行的时间长，就能有较长的时间为还击对方击来的球做准备，这是使自己摆脱被动、争取主动的好方法。

2. 落点深，球弹跳后越过端线，迫使对方在端线后击球，使对方上网截击产生困难。

3. 落点深，可以缩小对方回球的角度，缩短自己左右奔跑击球的距离，减小击球的难度，提高击球的命中率。

总之，击球者将球打深，不仅是技术上的要求，更是提高战术意识与战术方法的需要。

二、击球角度

击球角度是指击球后球的路线和原定参照物与击球点连线之间的角度关系。例如：击右方斜线球（在我方右边线附近向对方左边线附近击球为右方斜线球），可将右边线作为参照物线，球的落点距右边线越远，右方斜线击球的角度越大；若把对方作为参照物，球被击出后，落点距对方越远，击球的角度就越大。

击出的球角度越大，攻击性越强，这是因为：

1. 大角度的击球可以调动对方，尤其是大角度的斜线球，能将对方拉到边线外，使对方场上出现空当，从而攻击空当得分。

2. 大角度球有时能直接得分，特别是在破网时打出角度大的球效果更明显。

总之，对练习者提出打角度球的要求，是提高技术水平和战术意识的需要。

三、击球速度

击球速度的判定，取决于从对方击出的球飞至网上，到被我方将球击出触及对方场地内的物件为止（包括球落地、球被对方截击等）的时间长短。

这段时间可分解成两段来理解：第一段时间是球至网上到球拍击球，减少这段时间的方法是提前击球，最好球一过网就击球，比如截击球、高压球就是利用这一原理加快击球速度的具体方法；第二段时间是从球拍击球到球触对方场内物件，减少这段时间的方法，是加快球运行的速度和缩短击球点到对方场地落点的距离。打网球时，尽力减少这两段时间，是提高击球速度的基本方法。

击球时，要注意提高球速，这是因为：

1. 提高球速可以缩短对方观察、判断、分析、选择及运动击球这一“连锁”时间，给对方造成匆忙、勉强、被动的还击，从而使其击球的命中率降低、击球的威胁性减小。

2. 快速飞行的球给接球者球拍的作用力大，球拍的反弹力也大，接球者控制不好，球就有可能出界。

3. 球速快时，接球者容易看不清球飞行的路线，经验不足的人，容易击球失误。

四、击球力量

击球力量的大小，是通过球运行的快慢表现出来的。击球力量越大，打出的球向前飞行的速度就越快。

要想增加击球的力量，就必须从以下几点做起：

1. 注意身体的力量练习，使腿、腰、臂的力量不断增加，并在整个击球过程中，做到各部分力量协调配合，爆发用力。

2. 击球时，拍面应尽量保持垂直，减少对球的摩擦，力量完全用在打击球上。

3. 击球时，引拍动作略大些，增加球拍前挥的加速距离，在球拍向前挥动速度最快时击球。

4. 选择合适的击球点，即在球拍前挥速度达到最快，整个身体感到最舒服的那个点。

5. 整个击球过程中，全身肌肉不要太紧张，以免影响肌肉的收缩发力效果。

五、击球旋转

击球时，球拍给球的作用力线不通过球心时，球就会产生旋转。旋转的球在空中飞行的弧线、落地后弹起的弧线与不旋转时不同。旋转的作用是利用旋转制造合适的击球弧线，提高击球的命中率，还能利用旋转的变化干扰、破坏对方的击球，使对方击球失误。

在网球运动中常见的旋转有三种，即上旋球、下旋球和侧旋球。

（一）上旋球

1. 特点

在空中飞行时下落比较快，落地后向前冲，弹得低而快。

2. 动作方法

球拍略前倾，从下向前上擦击球的中上部。

（二）下旋球

1. 特点

落地后弹得高，球不往前走。

2. 动作方法

球拍略后仰，从上向前下擦击球的中下部。

（三）侧旋球

1. 特点

落地后向左、右两侧跳。

2. 动作方法

球拍侧后仰，由左后上或右后上，向右前下或左前下，擦击球的左中下或右中下部。

提高击出旋转球的能力要通过用力摩擦球的方法来实现。

对付旋转球要视旋转种类区别对待。具体方法是：

（1）截击下旋球时，拍面要略后仰，以防下网。

（2）抽击下旋球时，拍面向前上方用力，弧线较高。

（3）回击侧旋球时，要降低重心，球拍在正常弹跳的右侧或左侧等球。

4 第四章 基础战术

网球基础战术是指网球选手在比赛中，通过观察、判断，有目的、有意识地合理运用自己掌握的各种技术的方法。掌握好网球的基础战术，对网球运动水平的提高有很大帮助。网球基础战术包括单打战术、双打战术和战术运用等。

第一节 单打战术

单打战术要求积极主动，灵活多变，根据自己的战术特点，把各种战术有机地结合起来运用。单打战术根据打法的不同，可分为上网型战术、底线型战术和综合型战术等。

一、上网型战术

上网型战术就是利用网前进攻为主要得分手段，包括发球上网战术、随球上网战术和接发球上网战术等。

(一)发球上网战术

1. 用第一发球力量发侧旋球

目标是对方发球区的右区外角，然后上网，冲至发球线中线偏左，主要封住对方正拍接直线球，截击球至对方反拍区。见图 4-1-1。

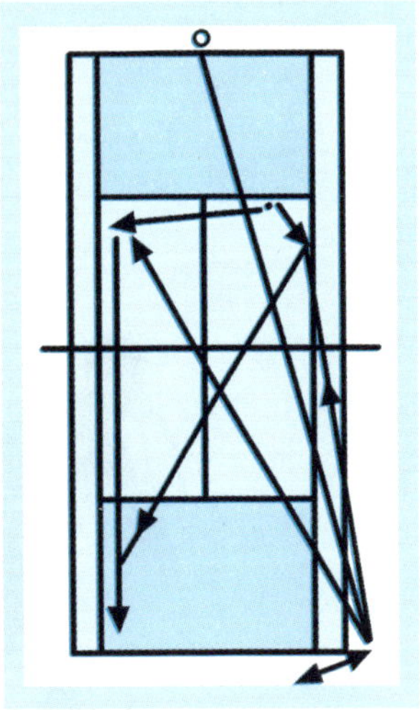

图 4-1-1

2. 用平击球或上旋球发球

目标是对方发球区的右区内角，然后上网，冲至发球线中线，判断来球，截击至对方底线正、反拍底线深区，人随球跟进，准备近网截击。见图 4-1-2。

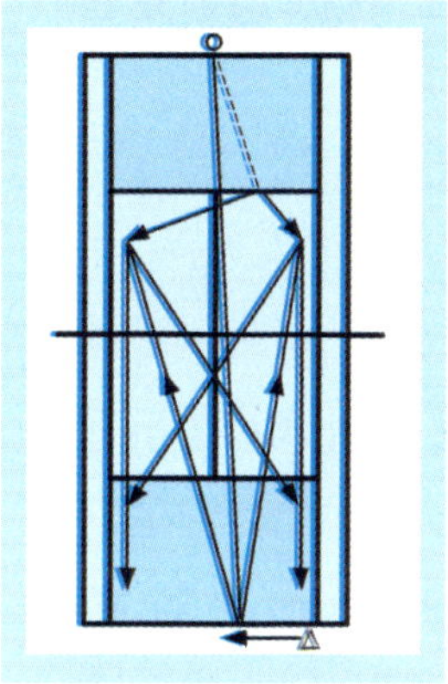

图 4-1-2

3. 用第一发球力量发上旋球

目标是对方发球区的左区外角，然后上网，冲至发球线中线偏右，主要封住对方反拍接直线球，截击球至对方正拍区。见图 4-1-3。

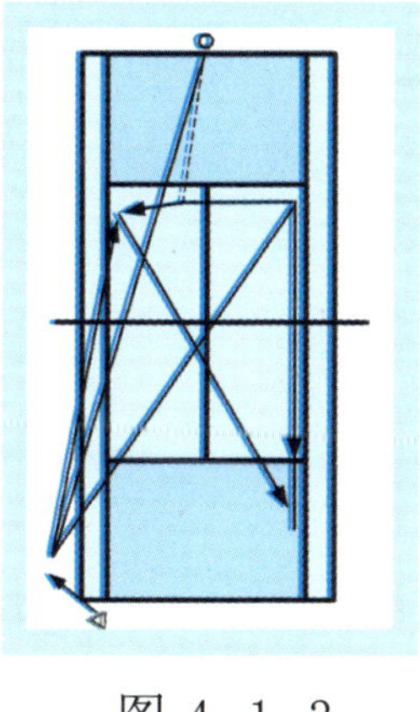

图 4-1-3

4. 用平击球或侧旋球发球

目标是对方发球区的左区内角，然后上网，冲至发球线中线，判断来球，截击至对方底线正、反拍底线深区，人随球跟进，准备近网截击。见图4-1-4。

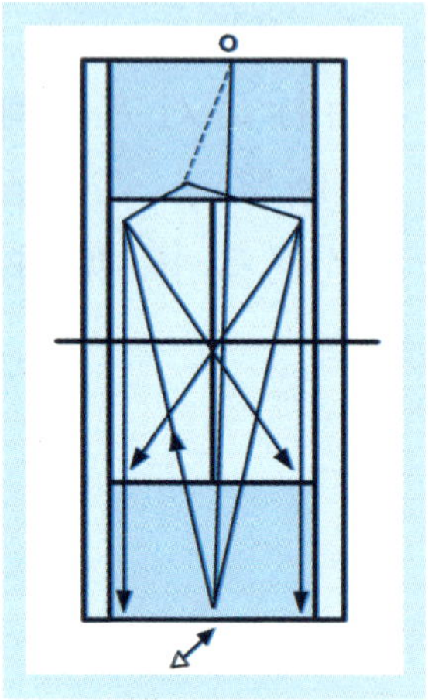

图 4-1-4

（二）随球上网战术

1. 利用平击、侧旋、上旋等不同球速、落点的发球

目的是使对方接发球出现质量不高的浅球或中场球。如回球落点在正拍的三分之二区，则可用正拍进行随击球上网；如回球落点在反拍的三分之一区，则可用反拍进行随击球上网。见图4-1-5。

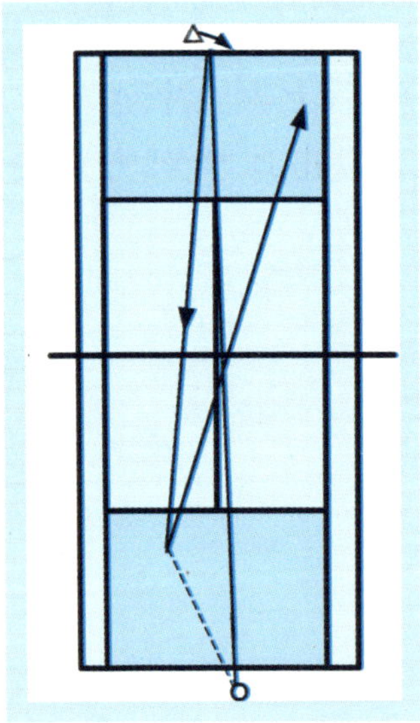

正拍侧身打斜线（一区发内角）

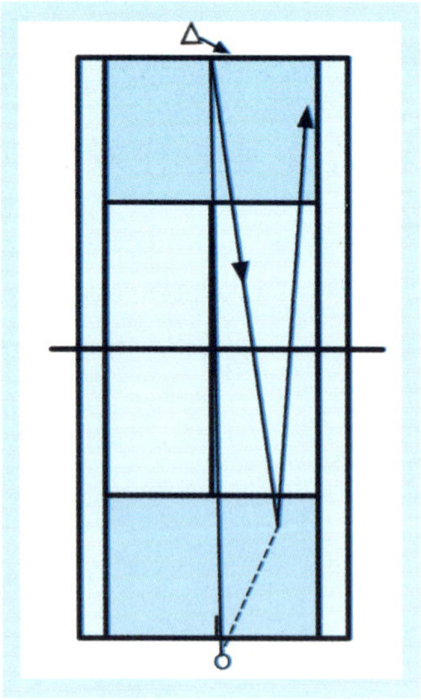

正拍打直线（一区发内角）

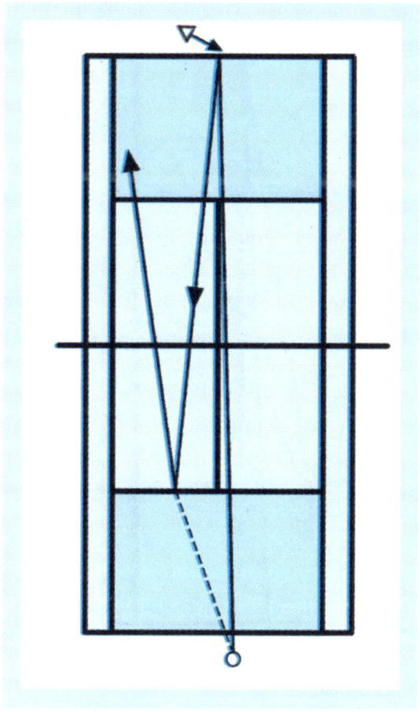

正拍侧身打直线（一区发内角）

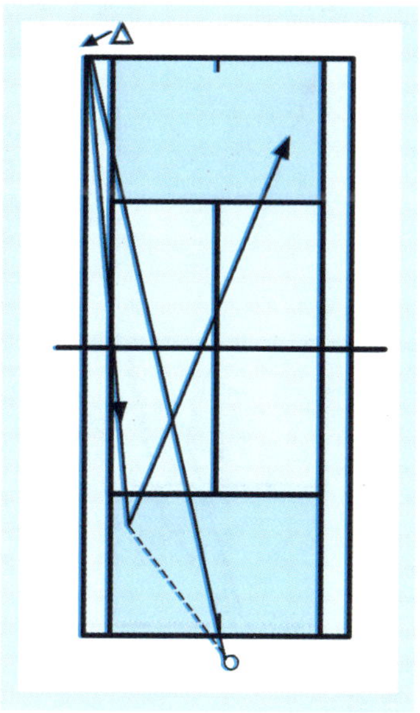

反拍打斜线（一区发外角）

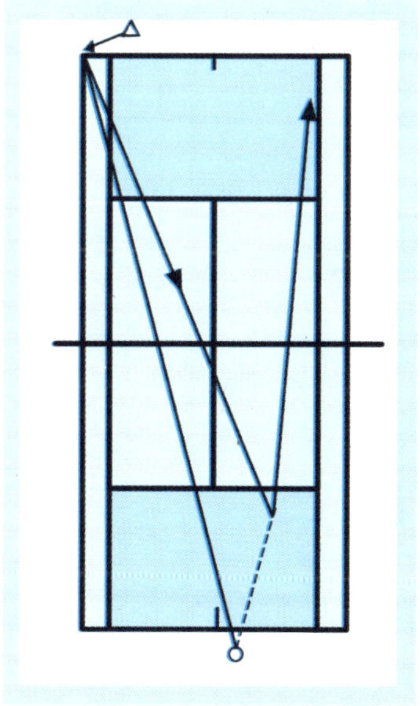

正拍打直线（一区发外角）

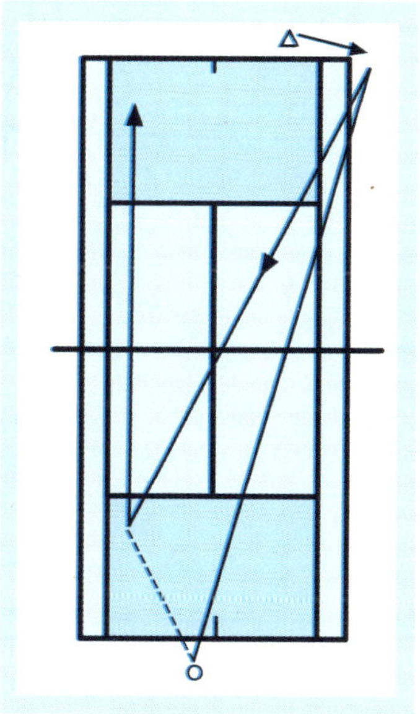

反拍打直线（二区发外角）

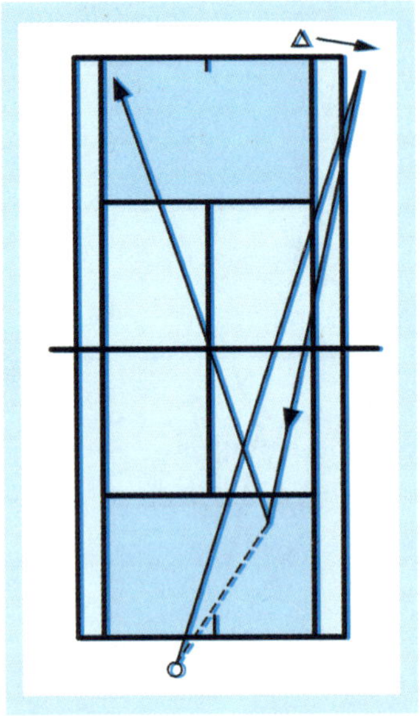

正拍打斜线（二区发外角）

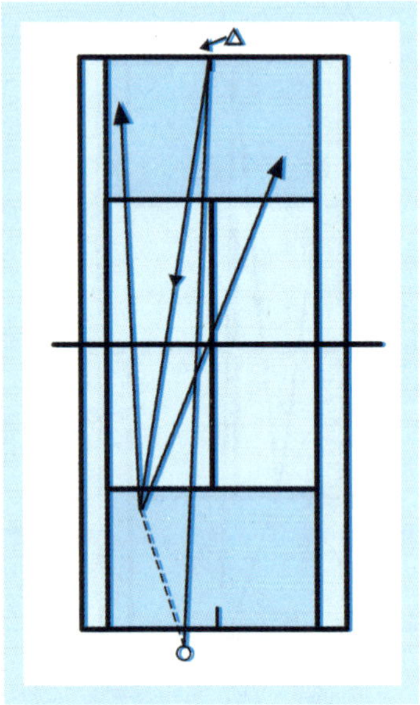

反拍打斜线、直线（二区发内角）

正拍打斜线、直线（二区发内角）

图 4-1-5

2. 在底线相峙对攻或对拉中打抽击

目的是利用抽击球的速度、力量、旋转等落点的变化来控制对方，使对方回球时出现质量不高的浅球或中场球，乘机随击球上网，以达到攻击对方的目的。见图 4-1-6。

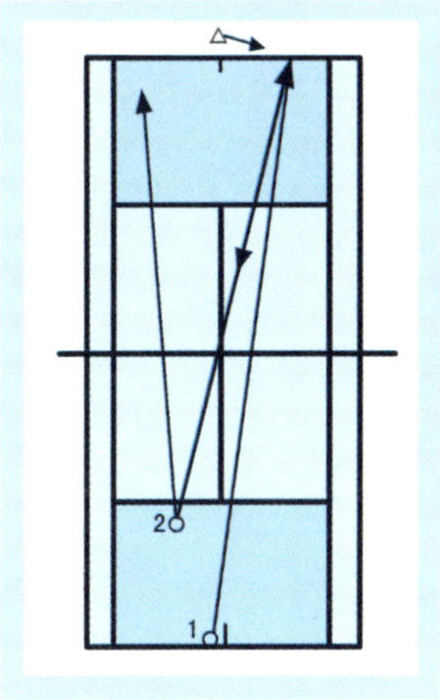

紧迎反拍，使其出现短球

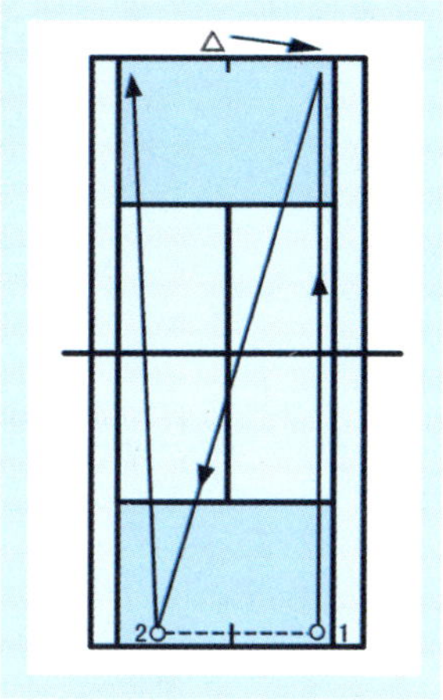

迎反拍，突正拍，使对方出现失误

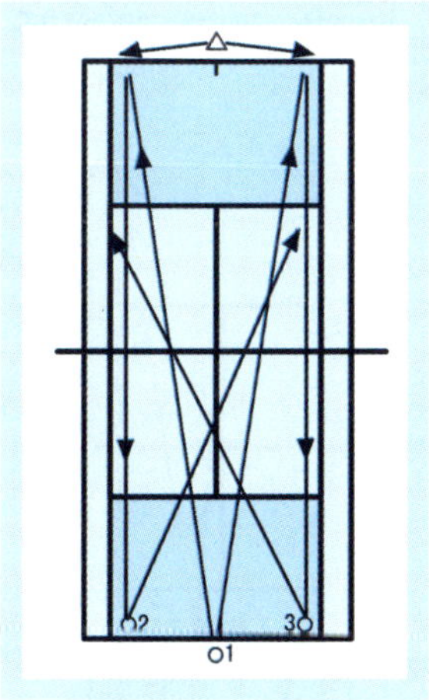

大角度两边拉开，突然进攻变线，使对方出现质量不高的球

图 4-1-6

(三)接发球上网

1. 接一区外角第二发球

可用正拍抽击或推切球，回击对方直线上网。见图 4-1-7。

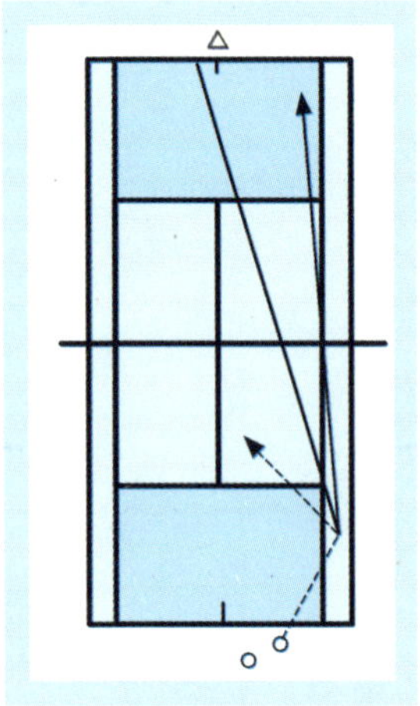

图 4-1-7

2. 接一区内角第二发球

可用反拍抽击或推切球，回击对方反拍上网。见图 4-1-8。

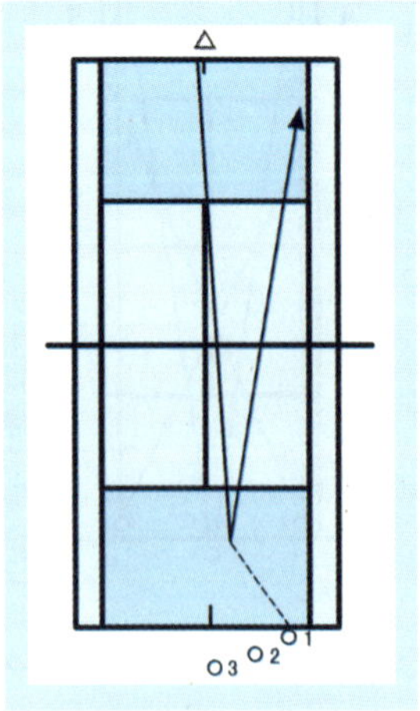

图 4-1-8

3. 接二区外角第二发球

根据对方技术情况，利用反拍抽击或推切球，回击对方弱点上网。一般以打直线上网为佳，距离短，对方准备时间短，而且上网后容易封住角度。见图 4-1-9。

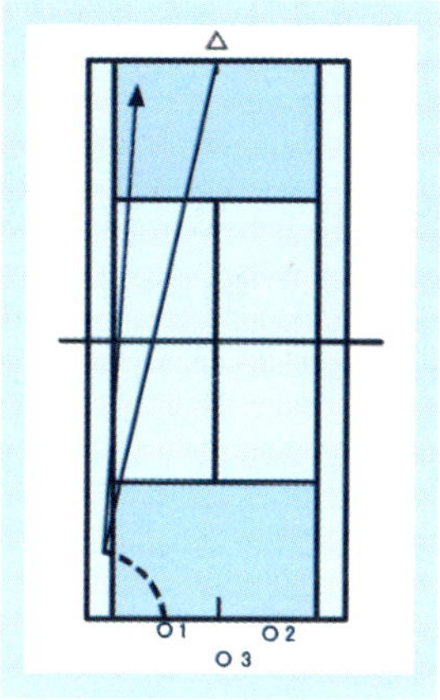

图 4-1-9

4. 接二区内角第二发球

可用正拍抽击或推切球，回击对方左右两点上网。见图 4-1-10。

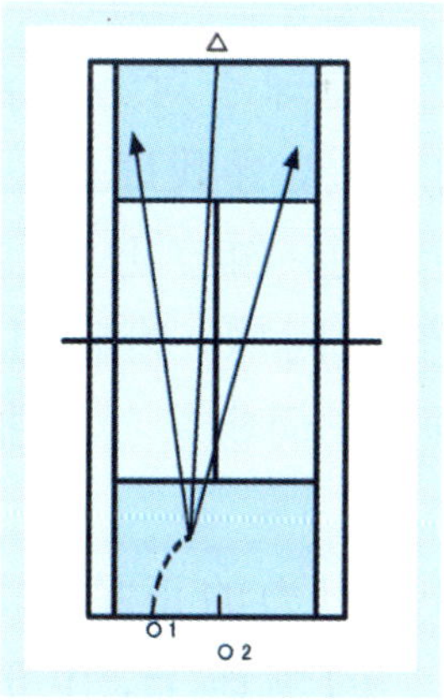

图 4-1-10

二、底线型战术

底线型战术是以底线正、反抽击球为基础组织的战术，主要用速度、旋转和落点的变化来创造进攻机会，包括对攻战术、拉攻战术、侧身攻战术、紧逼战术和防守反击战术等。

(一)对攻战术

对攻战术主要是利用底线正、反拍抽击球，具有强大的连续进攻能力，配合速度和落点的变化与对方展开阵地战，力争主动，从而达到攻击、控制对方的目的。具体战术方法包括：

1. 以正、反拍抽击球的速度、力量攻击对方的弱点，用速度压住对方。

2. 用正、反拍的有力击球，调动对方两大角跑动，同时寻找进攻得分机会。

3. 在调动对方两边跑时，突然连续打重复球，再加变线。

(二)拉攻战术

拉攻战术是以底线正、反拍拉上旋球，或正拍拉上旋球、反拍切削球，使对方左右跑动，一旦出现机会，马上给予致命一击。具体战术方法包括：

1. 正、反拍拉强力上旋球于对方底线两边大角深处，不给对方上网及底线起板的机会，寻找时机进行突击。

2. 正、反拍拉上旋球时，加拉正、反拍小斜角，使对方增加跑动距离，并出现质量低的回球，然后伺机进攻。

3. 逼拉对方反拍深区，伺机突拉正拍。

(三)侧身攻战术

侧身攻战术是利用强有力的正拍抽击球，配合良好的判断和步法移动，在三分之二的场地上，用正拍给对方施加压力的攻击。具体战术方法包括：

1. 连续用正拍进行攻击，创造得分机会。

2. 用正拍进攻，调动对方移动，反拍控制落点，伺机用正拍突击进攻。

3. 用全场正拍逼攻对方反拍，再突击变线正拍。

4. 用正拍进行攻击时，连续打出重复球（回马枪）。

（四）紧逼战术

紧逼战术是发挥良好的底线正、反拍抽击球技术，迎击上升球，准确控制落点，节节紧逼，以达到攻击对方的目的。具体战术方法包括：

1. 接发球时紧逼向前进攻，使对方发球时产生心理压力和发完球后来不及准备的感觉。

2. 连续逼对方反拍，突击正拍，伺机上网。

3. 紧逼对方两边，使其被动或回球出现错误，伺机上网。

（五）防守反击战术

防守反击战术是利用良好的底线控球能力，发挥判断反应快、步法灵活、击球准确的特点，调动对方，以达到在防守中寻找机会进攻反击的目的。具体战术方法包括：

1. 在对方运用发球上网战术进攻时，接发球可采用迎上借力接球，把球打到对方脚下或两边小角，然后在第二板准备反击破网。

2. 对方进行底线紧逼战术时，可采用底线正、反拍拉上旋球至对方底线两边大角深处，不给对方进攻得分机会，然后再伺机进行反攻。

3. 在对方运用随球上网进攻时，提高底线破网第一板的成功率和突击性，以及破网球的质量，以寻求第二次破网反击的机会。

三、综合型战术

综合型战术以基本功扎实、技术全面为基础，可根据不同的对手和技战术掌握情况，灵活地变化战术打法。具体战术方法包括：

1. 对方是发球上网型打法，可采用接发球破网或先成功接球，再准备第二板破网。

2. 对方是随球上网型打法，可采用底线打深球战术，不给对方上网机会，如果对方已经随球上网，可采用两边节奏不同的破网或挑上旋高球破网。

3. 对方是底线拉上旋球打法，可采用发球上网或随球上网战术，以及用正拍进行对拉、反拍切削控制落点的技术，寻求进攻机会。

4. 对方是底线稳健型打法，可采用发球上网或随球上网及底线紧逼战术，以打乱对方的节奏。

5. 对方是接发球上网型打法，可采用提高一发命中率，变化发球和落点，以控制场上主动权。

第二节 双打战术

双打比赛为两人配合，控制面积较大，不易找到对方防守的漏洞，并且比赛速度比较快，因此要求运动员具有较高的战术意识，动作迅速、反应灵敏，并且要有高度的判断力、预见性和良好的配合能力。双打战术包括站位方法、发球局战术和接发球局战术等。

一、站位方法

双打比赛中，发球员和接发球员及其同伴的站位与移动、判断和击球有着密切的联系。站位合理、移动迅速、配合默契、击球质量高，在比赛中就能占主动地位。站位方法包括发球员及其同伴站位法和接发球员及其同伴站位法等。

（一）发球员及其同伴站位法

1. 前后站位

同伴站在网前，发球员发球后立即上网。见图 4-2-1。

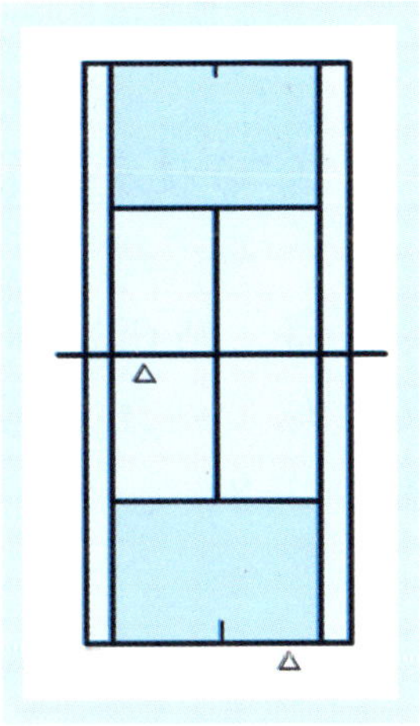

图 4-2-1

2. 澳大利亚式站位

同伴在网前中线或靠近中线，发球员发球后根据同伴的要求进行上网。见图 4-2-2。

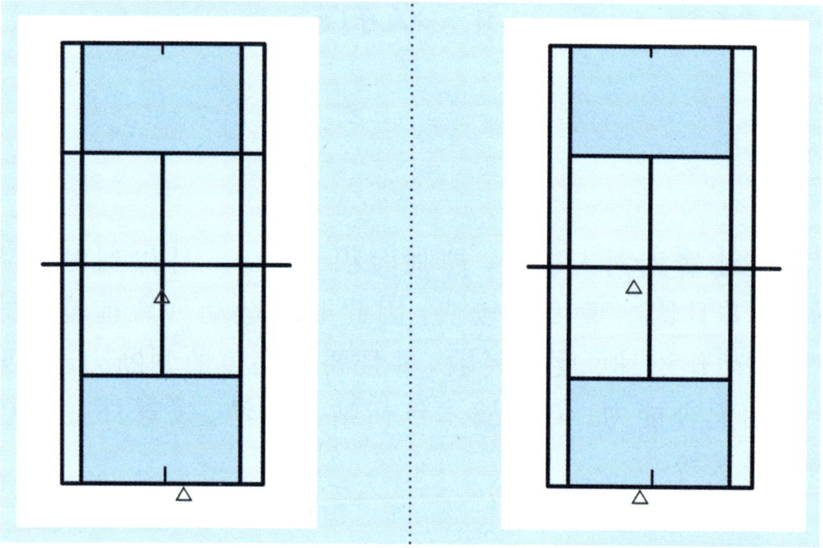

图 4-2-2

(二)接发球员及其同伴站位法

1. 前后站位

同伴站在发球线与球网中间，接发球员站在底线后或底线内。见图 4-2-3。

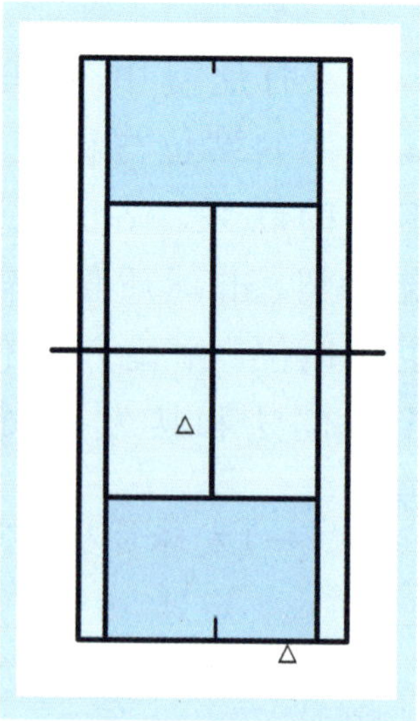

图 4-2-3

2. 双底线站位

同伴与接发球员都站在底线，可根据对方发球与网前的威胁，以及发球与网前的成功率进行调整，在接发球破网的防守反击中，伺机上网，抢占网前有利位置。见图 4-2-4。

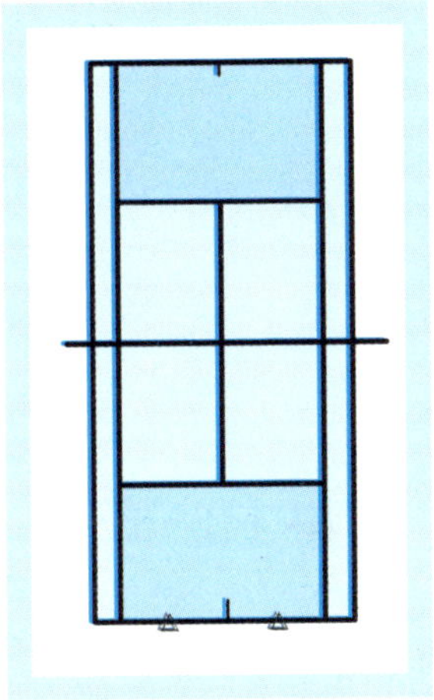

图 4-2-4

二、发球局战术

双打中的发球局战术与单打中的发球局一样，是直接对对方实施进攻，并以发球为龙头，带动网前及抢网战术的运用。发球局战术包括发球上网战术、发球上网抢网战术和澳大利亚式网前战术等。

(一) 发球上网战术

用 80% 的力量发出平击、侧旋或上旋等不同旋转的球，提高第一发球命中率，不断变换发球落点，然后快速向网前迈进。第二发球也要利用旋转和落点的变化，为上网创造条件。上网后的中场第一拦网截击球要平而深或角度大。如起高球，则对方网前同伴将会扑击抢网。见图 4-2-5。

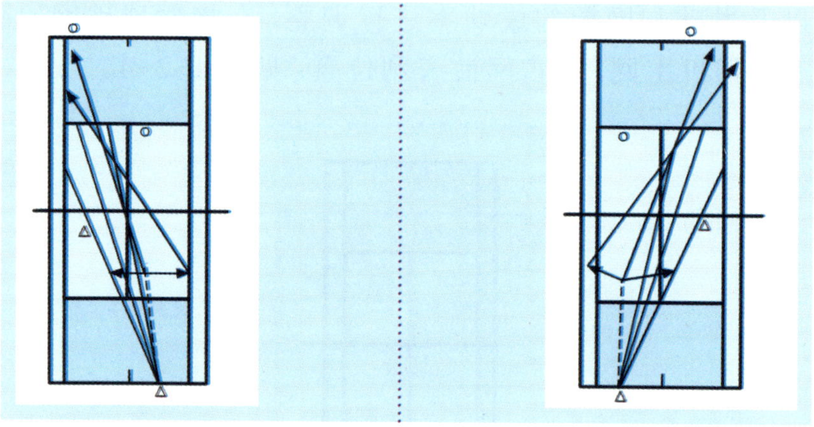

图 4-2-5

(二)发球上网抢网战术

网前同伴可以在背后做手势，告诉发球员应发在什么落点，抢与不抢。采取此战术可以干扰对方接发球，为发球上网得分及抢网得分创造条件。发球员应注意发球质量、成功率和落点的变化。见图 4-2-6。

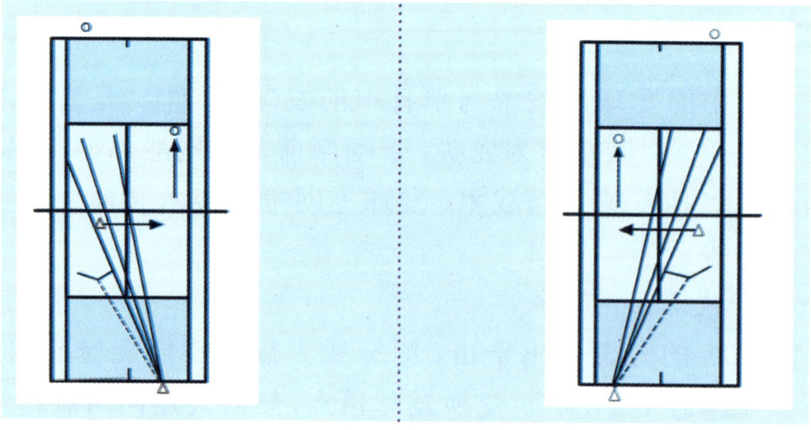

图 4-2-6

（三）澳大利亚式网前战术

网前同伴可以在背后做手势，告诉发球员应发什么落点，抢或不抢。发球员的第一发球命中率要高。澳大利亚式网前战术能起到破坏对方接发球节奏，为发球上网截击得分和抢网得分创造有利条件。见图 4-2-7。

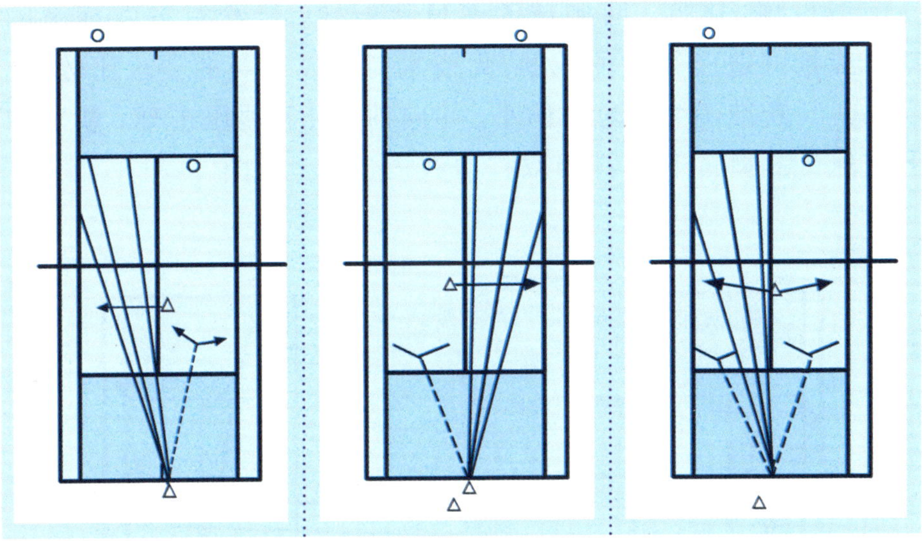

图 4-2-7

三、接发球局战术

接发球局战术运用得成功与否，取决于接发球的质量，为了变被动为主动，接发球时不能只在底线被动挨打，而应采取主动进攻、积极上网的战术。需要根据对方发球及网前的攻势，提高接发球的质量，做到灵活机动，防止瞎打瞎冲。接发球局战术包括接发球双上网战术、接发球抢网战术和接发球双底线战术等。

（一）接发球双上网战术

为了抢占网前有利位置，当对方发球时，接发球员应判断准确，向前到底线里面去还击球，然后随接发球上网。由于是向前迎击球，因此，回接球的速度比较快，能给对方发球上网截击或抢网造成很大的威胁。此战术对接发球员的要求比较高，要求其判断准确、移动动作小，并向前、向下顶压击球，朝发球上网球员的脚底下或斜线双打边线内击球。见图 4-2-8。

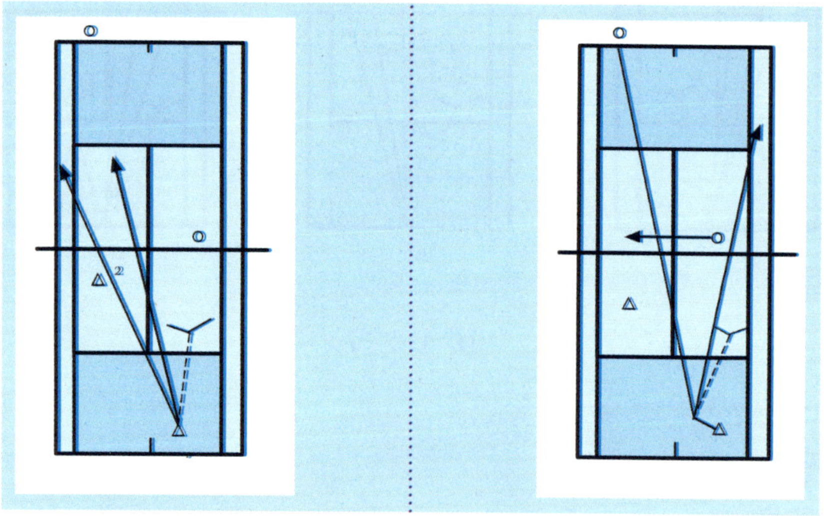

图 4-2-8

（二）接发球抢网战术

接发球员与同伴配合密切，当接发球员接了一个高质量的低平球，对方发球上网者中场拦出一个质量不高的球时，应立即移动抢网，给对方致命一击，而接发球员发现同伴抢网，也应立即补位，防止对方截击直线球。在高水平的双打比赛中，接发球抢网战术经常被运用。此战术能使对方发球上网者增加中场截击球的心理负担，造成回球失误或回球质量不高的情况，为我方创造机会。见图 4-2-9。

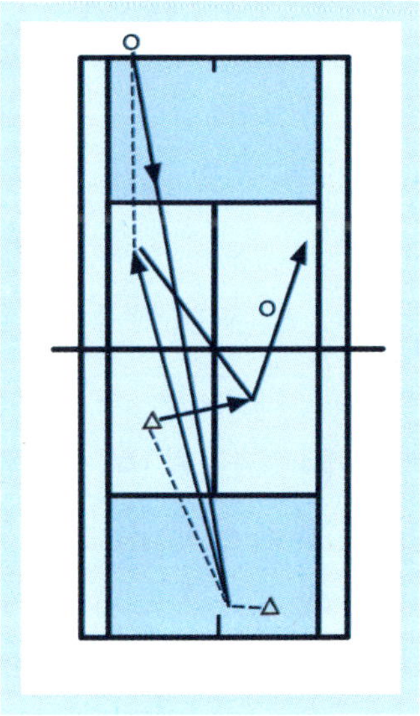

图 4-2-9

（三）接发球双底线战术

在双打比赛中，如果对方发球很有威胁，网前又非常活跃，为了破坏对方快速进攻的节奏，可采用接发球双底线战术。由于二人都退至底线，使对方网前截击产生一定的心理压力，不能马上得分。因此，对发球员来说，首先应注意接发球的成功率，然后再寻找机会进行反击。破网要打得凶狠，以破中路和两边小斜角为主，并结合挑上旋高球。见图 4-2-10。

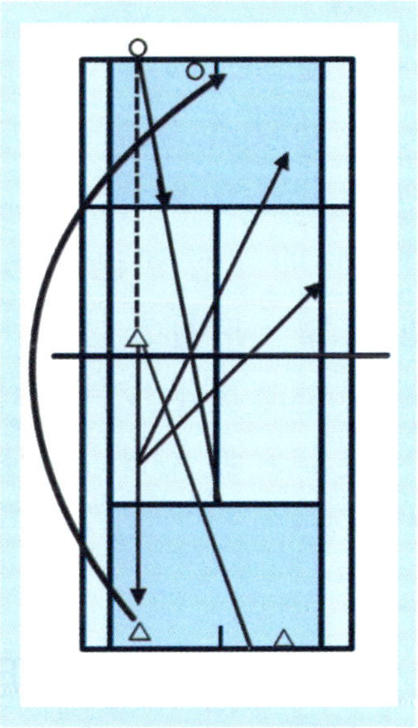

图 4-2-10

第三节 战术运用

网球比赛中，球员为了能够更有效地得到更多的分数，经常根据自己最擅长的球技，选择最适合自己的战术。根据所运用的战术，球员可分为侵略底线型球员、防御底线型球员、发球上网型球员和全面型球员等。

一、侵略底线型球员

侵略底线型球员又称攻击底线型球员，他们比较倾向于采取主动攻击，而不是防守。他们通常站在底线附近击球，并试图击出制胜球来得分。他们常击出速度很快的球，使对方来不及赶到，即使赶到也回击乏力。虽然他们也许不会尝试一球解决，但常常一拍打左边，一拍打右边，直等到对方有空当出现。侵略底线型球员至少具有一种极佳的击落地球技术，通常是正手拍。当侵略底线型球员试图击出许多制胜球时，也容易造成较多失误。

二、防御底线型球员

防御底线型球员又称反击底线型球员。他们比较倾向于采取防御，比较不倾向于采取主动攻击。他们尽可能将所有的球都回击回去，然后等待对方的失误，试着依靠对方的失误来得分。他们击球非常稳，失误很少。防御底线型球员必须具有很快的移位速度和灵活的身手，以防守整个己方球场。

三、发球上网型球员

发球上网型球员拥有极佳的网前功夫，能够在网前灵活移位，且截击的球感非常好。发球上网型球员在轮到自己发球时，只要一有机会就会上网。他们总是主动攻击，并且能够以多变化的截击和截击放小球的功夫击出许多制胜球。当轮到对方发球时，他们常使用“切球上网”的打法，将球击回并快速冲向网前。发球上网型球员的战略是施压于对方，迫使对方试图击出难度较高的穿越球。

四、全面型球员

全面型球员擅长网前和底线技术。他们通常会主动进攻，混合使用底线击球和截击技术，迫使对方一直在猜测他下一步的打法。当全面型球员的底线功夫无法奏效时，他们会改为上网战术，当其上网功夫无法奏效时，又会改成底线击球战术。

5 第五章 比赛规则

制定各项运动的比赛规则，有助于全民健身运动的深入开展。比赛参与者应该了解运动规则的基本知识，以使自己在比赛过程中游刃有余地发挥技术水平。比赛观赏者也只有在了解基本规则的前提下，才能够充分体验到观赏比赛的乐趣。

第一节 比赛方法

网球比赛分为单打和双打两种形式。球员用球拍将球击过网，落入对方的场地上。每位球员的目的都是尽力将球打到对方的场地上去，这样一来一回，直到有一方将球打出界或未接到球为止。

一、单打

单打规则在很多方面都适合于双打。

（一）选择权

比赛前用掷硬币或旋转球拍的方法来决定场区和先发球权及接发球权。取胜者有权选择或要求对方选择。

1. 选择发球权或接发球权者，应让对方选择场区。

2. 选择场区者，应让对方选择发球权或接发球权。

(二)发球动作

发球员在发球前，应先站在端线后、中点和边线的假定延长线之间的区域里，然后用手将球向空中任何方向抛起，在球接触地面以前用球拍击球。只要球拍与球接触，就算完成了球的发送。

(三)发球时间

发球员须待接球员准备好后才能发球（接球员做还击姿势就算已做准备）。

(四)发球员位置

1. 每局开始发球时，发球员应先从右区端线后发球，得（失）1分后，应换到左区发球，这样每得（失）1分就轮流交换发球位置，如发球位置错误而未察觉，比分仍然有效，一旦察觉，应立即纠正。

2. 发出的球，在对方还击前，应从网上越过，落到对角的对方发球区内或其周围的线上。

(五)发球次序

第1局比赛终了，接球员成为发球员，发球员成为接球员。以后每局终了，均依次互相交换，直到比赛结束。

(六)发球失误

发球时如果出现发球脚误、未击中球等现象，均判失误。

1. 脚误

发球员在发球动作中，两脚只准站在端线后中点和边线的假定延长线之间，不能触及其他区域，不得通过行走或跑动改变原来的位置（发球员发球时如两脚略移动而未变更原位，不算行走或跑动），否则，就会被判为脚误。

2. 击球未中

发球员在发球时由于用力过猛、动作不协调等原因而未击中抛出的球为击球未中。如果发球员在向上抛球准备发球时，又决定不击球而将球接住，不算失误，判重发。

（七）第二次发球

发球员有两次发球权。第一次发球失误后，应在原发球位置进行第二次发球。如第一次发球失误后，发现发球位置错误，则应按规定改在另一半区域发球，但只能再发一次球。

（八）重发球和重赛

凡根据规则必须重发球或比赛受到干扰时，裁判员应呼叫“重发球”。对此，可做下列解释：

1. 宣布发球无效时，仅该球不算，重发球。

2. 其他情况下，该分重赛。

（九）发球无效

当合法的发球触及球网、中心带、网边白布后，仍落到对方发球区内时，或当合法的发球触及球网、中心带、网边白布后，在落地前又触及接球员的身体或其穿戴物时，无论发出的球成功还是失败，均判发球无效。

（十）交换场地

双方在每盘的第1、3、5等单数局结束后，以及每盘结束，双方局数之和为单数时，交换场地。如一盘结束，双方局数之和为双数，则不交换场地，须等下一盘第1局结束后再进行交换。

如发生差错未按正常顺序交换场地，一经发现，应立即纠正场区，按原来顺序进行比赛。

（十一）发球员得分

下列任何一种情况，判发球员得分：

1. 发出的球（发球无效除外）在着地前触及接球员或其穿戴的任何物件。

2. 接球员违反规定而失分。

（十二）接球员得分

下列任何一种情况，判接球员得分：

1. 发球员连续两次发球失误。

2. 发球员违反规定而失分。

（十三）阻碍击球

甲方的举动妨碍乙方击球时，该举动若属故意，判甲方失分，若属无意，则判该分重赛。

（十四）压线球

落在线上的球都算界内球。

（十五）球触固定物

击出的球落到对方场区地面后再触及固定物（球网、网柱、单打支柱、绳或钢丝绳、中心带、网边白布除外）时，判击球者得分，球落地前触及固定物，判对方得分。

二、双打

除了以下的各条规定外，上述规则均适用于双打。

（一）发球次序

应在每盘开始之前决定发球次序，即每盘第 1 局开始时，由发球方决定由何人首先发球，对方则同样地在第 2 局开始时决定由何人首先发球，第 3 局时由第 1 局未发球方的球员发球，第 4 局时由第 2 局未发球的球员发球。以下各局均按此次序轮换发球。

（二）接球次序

与发球次序一样，在每盘开始之前要决定接球次序，即先接球的一方应在第 1 局开始时，决定何人先接发球，并在这盘单数局继续先接发球。对方同样应在第2局开始时决定何人先接发球，并在这盘双数局继续先接发球。他们的同伴应在每局中轮流接发球。

（三）发球次序错误

发球次序错误，应在发觉时立即纠正。但已得的分数或已成的失误都有效，如发觉时全局已经结束，此后发球次序就以该局为准轮流发球。

（四）接球次序错误

接球次序错误，发觉后仍按已错误的次序进行，等到下一接球局再行纠正。

（五）发球失误或得分

发出的球，出现同单打中发球失误的情况，或触及同伴或其穿戴的物件时，都算失误。发出的球，在着地前触及接球员的同伴或其穿戴的物件时（出现单打中发球无效的情况除外），应判发球方得分。

（六）还击

接发球后，双方应轮流由其中任何一名球员还击。如球员在其同伴击球后，再以球拍触球，则判对方得分。

三、失分

发生下列任何一种情况，均判失分：

1. 在球第二次着地前未能还击过网（有效还击中1和3除外）。

2. 还击的球触及对方场区界线以外的地面、固定物或其他物件（有效还击中1和3除外）。

3. 还击空中球失败(站在场外击空中球,失败也算失分)。

4. 在比赛进行中,球员故意用球拍拖带或接住球,或故意用球拍触球超过一次。

5."活球"期间球员的身体、球拍(无论是否握在手中)或穿戴的其他物件触及球网、网柱、单打支柱、绳或钢丝绳、中心带、网边白布或对方场区以内的地面。

6. 来球尚未过网即在空中还击(过网击球)。

7. 除握在手中(不论单手或双手)的球拍外,球员的身体或穿戴的物件触球。

8. 抛拍击球。

9. 比赛进行中,球员故意改变其球拍形状。

四、有效还击

下列任何一种情况,都是有效还击:

1. 球触球网、网柱、单打支柱、绳或钢丝绳、中心带或网边白布后,从网上越过,落入对方场区内。

2. 对方发出或还击的球,落到本方有效场区内又反弹回去或被风吹回对方场区上空时,本方球员挥拍过网击球,球落到对方场区内,其身体、衣服或球拍并未触及球网、网柱、单打支柱、绳或钢丝绳、中心带、网边白布或对方场区以内的地面。

3. 球从网柱或单打支柱以外还击至对方场区(不论还击的球是高于还是低于球网,或是触及网柱或单打支柱)。

4. 合法击球后,球拍随球过网。

5. 对方发出或击出的球,碰到本方场区内的另一球,而还击的球员仍能回球到对方场区内。

五、网球比赛的编排方法

（一）国际上一般采用的编排方法

国际比赛除戴维斯杯和联合会杯赛分男子团体和女子团体赛外，大多数国际比赛基本上是单项赛。参加比赛的球员多、场地少，又需要在短时间内决出冠、亚军，所以多采用单淘汰制。

当参加比赛的球员人数是2、4、8、16、32、64、128等2的乘方时，可按下图格式，采取累进淘汰制进行比赛。若人数多于128，则增加预选赛。见图5-1-1。

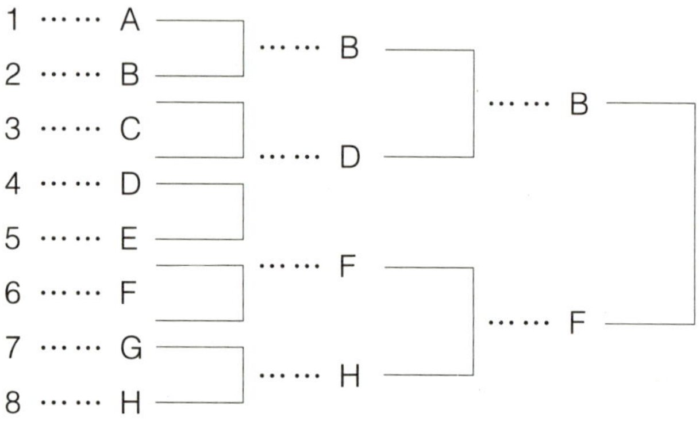

图5-1-1

（二）其他编排方法

1. 单循环制

若报名人数较少，场地较多，比赛日期较长，各队（人）均要求和其他队（人）进行比赛，这样可以多打几场，以丰富比赛经验，同时也使比赛更公平。各队普遍出场比赛一次称为“一轮”，循环赛每轮比赛场数是相等的。

2. 轮数和比赛场数计算

(1) 轮数计算：

队（人）数为双数时，轮数等于队数减1；队（人）数为单数时，轮数等于队数。

(2) 比赛场数计算：

比赛场数 =N（N-1）/2 （N 代表队数或人数）

3. 比赛顺序的确定方法

一般采用逆时针轮转法。该轮转方法是先将 1 号位置固定不动，第一轮次序是将比赛队数的前一半号码写出，排在左侧，再将后一半号码，从下向上依次写出，排在右侧，并用横线连起来即可。第二轮次序的轮转方法是 1 号固定不动，其他号码按逆时针方向轮转一个位置，即可排除。第三轮次序按第二轮次序的位置，逆时针轮转一次，依次类推可排出其他各轮比赛顺序。见图 5-1-2。

第一轮	第二轮	第三轮	第四轮	第五轮
1－6	1－5	1－4	1－3	1－2
2－5	6－4	5－3	4－2	3－6
3－4	2－3	6－2	5－6	4－5

图 5-1-2

4. 决定名次方法

单循环制按获胜场数多少决定名次，如积分相等，则按净胜盘数，仍相等，则按净胜分数决定名次。

★分组循环制

第一阶段先分几个小组进行单循环赛，然后第二阶段各组同名次的队，进行单循环赛排出全部名次。

★混合制

在一次竞赛的不同阶段，分别采用循环制和淘汰制两种方法，称为混合制。采用这种制度要把比赛分为两个或三个阶段，第一阶段若采用淘汰制，或者采用淘汰制后再采用循环制。

第二节 裁判方法

在比赛过程中，裁判员通过履行职责，进行正确的裁判工作，来保证比赛的公平、公正。

一、裁判员

网球比赛裁判员包括裁判长、主裁判员、司线员、网上裁判员和脚误裁判员等。

1. 裁判长

裁判长必须精通规则，能迅速做出判决，并对其采取的行动负完全责任。裁判长有权指定或更换主裁判员、司线员、网上裁判员和脚误裁判员等。

2. 主裁判员

主裁判员应在场地中间，距球网1.2～1.5米的地方。主裁判员需要在比赛开始前检查球网和网柱的高度是否合乎标准，在比赛中负责报分，并负责除授权给司线员、脚误裁判员和网上裁判员以外的判罚。

3. 司线员

司线员的职责是报发球失误和出界，判决他所负责的那条线上的出球，并拥有最后决定权。如果司线员不能做出决定时，裁判员应予判决，或令重新发球。

4. 网上裁判员

网上裁判员应坐在网柱旁靠近裁判员的地方，遇到擦网球则应报重发球。

5. 脚误裁判员

脚误裁判员应正对端线而坐，发球时可以从一边换到另一边。他需要一边看着球员的脚下动作，一边听球拍击球的声音，用这种方法能够合理且精确地判断球员发球时是否是脚误。

二、记分方法

(一) 盘数

正式比赛时，男子单打和男子双打采取 5 盘 3 胜制。女子单打、女子双打和混合双打采取 3 盘 2 胜制。

(二) 局与盘

1. 局

球员每胜一球得 1 分，胜第 1 分记分 15，胜第 2 分记分 30，胜第 3 分记分 40，先得 4 分胜一局。但遇双方各得 3 分时，则为“平分”。“平分”后，一方先得 1 分时，为该球员占先。占先后再得 1 分，才算胜一局，如一方占先后，对方又得 1 分，则仍为“平分”。依此类推，直到一方在“平分”后净胜 2 分，结束该局。

2. 盘

一方先胜 6 局为胜一盘。但遇双方各得 5 局时，一方必须净胜两局才算胜一盘。

3. 决胜局

在每盘的局数为 6 平时，进行决胜局（也叫抢 7 局），先得 7 分为胜该局及该盘；若分数为 6 平时，一方须净胜 2 分。

（三）得分

每胜一球得 1 分，遇到下列情况时，判对方得 1 分：

1. 发球员连续两次发球失误或脚误时。

2. 接球员在发来的球没有着地前用球拍击球，或球触及自己的身体及所穿戴的衣物时。

3. 在球第二次落地前未能还击过网时。

4. 还击球触及对方场区界线以外的地面、固定物或其他物件时。

5. 还击空中球失败时。

6. 在比赛中，击球员故意用球拍拖带或接住球，或故意用球拍触球超过一次时。

7.“活球”期间（自球发出时起，至该球分胜负判定时止，失误或重发除外），球员的身体、球拍（不论是否握在手中）或穿戴的其他物件触及球网、网柱、单打支柱、绳或钢丝绳、中心带、网边白布或对方场区以内的场地地面。

8. 还击尚未过网的空中球（过网击球）。

9. 除握在手中（不论单手或双手）的球拍外，球员的身体或穿戴的物体触球。

10. 抛拍击球时。

11. 比赛进行中，球员故意改变其球拍形状。